CÓMO UNA CELDA SALVÓ LA NAVIDAD

RESEÑAS PARA
CÓMO UNA CELDA SALVÓ LA NAVIDAD

"Dios está en los detalles de nuestras vidas". ¡Una lectura obligada en cualquier época del año! "Cómo una celda salvó la Navidad podría llamarse más apropiadamente 'cómo una celda de cárcel la salvó a ella'. La hermosa historia de Verónica sobre cómo encontró esperanza, paz y amor para superar su propia desesperación mientras ayuda a hombres inocentes a encontrar esperanza en la suya propia, nos muestra a cada uno que Dios está en los detalles de nuestras vidas. A veces no entendemos por qué podemos estar pasando por algo hasta años después, pero cuando reflexionamos y entendemos el amor y el plan de Dios, veremos los pequeños milagros cotidianos que nos rodean. ¡Esta historia es un ejemplo de ese amor y milagro!"

— **TANYA HARRIS ROUNDY,** autora de
Certainty: Walking Through Fire

"Una historia de Navidad para recordar —una historia VERDADERA de amarga traición, rescate compasivo y encontrar el PERDÓN".

— **KATHY LEE PARKER,**
Locutora de Radio Internacional Sindicalizada

"Una historia verdadera e inspiradora. Una historia de desilusión y de intentar sobrevivir, luego da un giro de los acontecimientos que requirió persistencia y el deseo de ayudar a otros. ¡Una gran lectura!"

— **PAULETTE REN**, autora de *Stolen Moments*

"¡Un libro notable! Cómo una celda salvó la Navidad es una lectura cautivadora que me encantó desde la primera página. El suspenso, las lecciones aprendidas y el ritmo constante hacen que sea imposible dejarlo de leer. Basado en una historia real, aporta un giro único y conmovedor a la narrativa navideña. ¡Verdaderamente un libro notable!"

— **ANAIS CRUZ**, MS de Business Analytics

"Un momento triste puede ser un buen momento. La verdadera historia de la autora me atrapó y me mantuvo atento hasta el final. ¿Cómo un divorcio trágico y tres jóvenes en la cárcel en un país extranjero equivalen a una Navidad memorable y alegre? La historia se cuenta en este libro. Feliz Navidad".

— **STAN CRONIN**, autor de *How to Date Your Wife*

CÓMO UNA CELDA SALVÓ LA NAVIDAD

Y Lo Que Me Enseñó Sobre Encontrar La Paz

VERÓNICA R. DE ALMEIDA

Para información, contacte a: veronicardealmeida@gmail.com

Publicado por: True Image Publishing
veronicardealmeida.com

Diseño de Portada y Diseño Interior del Libro por

Francine Platt, Eden Graphics, Inc.
Fuente de la foto de portada: Pavel Kavalenkau

Este libro está basado en hechos reales. Refleja las memorias actuales
de la autora sobre experiencias a lo largo del tiempo. Algunos nombres y características han sido cambiados, algunos eventos han sido
comprimidos y algunos diálogos han sido recreados.

ISBN de Libro de Bolsillo 979-8-89454-090-0
ISBN de Libro Electrónico 979-8-89454-091-7
ISBN de Audiolibro 979-8-89454-092-4

Número de la Biblioteca del Congreso: 2025917627
Fabricado en los Estados Unidos de América

Primera Edición
Segunda Impresión

A mi madre, un ángel,
quien me crió para creer en el
verdadero significado de la Navidad

Agradecimiento

Sería desagradecida sin antes que nada no reconociera el hecho de que todo lo que hago, quien soy o seré, se lo debo a mi Creador. Agradezco a mi Padre Celestial y al Señor Jesucristo por darme la oportunidad de crecer y por ayudarme a compartir las lecciones que he aprendido. Ellos son los verdaderos autores de estas historias.

Doy mi más sincero agradecimiento a mi amor, confidente y mejor amigo, mi querido esposo Daniel. Hemos formado la mejor familia posible. Gracias por hacerme sentir que puedo hacer cualquier cosa. Gracias por apoyar mi pasatiempo de escribir desde el principio. Te amo.

Estoy agradecida por mis padres, quienes me dieron la vida. Estoy particularmente agradecida por mi madre quien es un ángel, una mujer de fe que siempre ha ejemplificado con su compasión lo que significa ser una verdadera discípula de Cristo y quien me enseñó el verdadero significado de la Navidad.

Antes de enviar el manuscrito para editar, me sentía inadecuada y quería recibir algunos comentarios.

Pensé en los lectores más ávidos que conocía y les pregunté si estarían dispuestos a revisar mi manuscrito. Millones de gracias a Cynthia Lippincott y Cheryl Boyle por responder a la llamada. Ofrecieron su tiempo y talentos sin dudarlo.

Envío mi agradecimiento a Val Johnson y Debbie Rasmussen y Marita Criva Crova por traer el don de la edición a este libro y por apoyar mi visión ofreciendo palabras de aliento. Siempre estuvieron dispuestos a hacer un esfuerzo adicional para mejorar mi trabajo. Sin su paciencia y disposición para comentar ideas y sugerir mejoras, este libro nunca se habría hecho realidad. ¡Gracias!

Este libro no se habría escrito si no hubiera sido por una querida amiga, Nuria Martínez, mi primera editora; quien me sugirió que publicara la historia. Dijo que necesitaba ser contada antes de que empezara a olvidar los detalles. Escribir el libro era algo que yo había querido hacer. Simplemente no sabía cómo empezar. Siempre le estaré agradecida a ella, quien me motivó a escribir mi historia en primer lugar. Todos necesitamos amigos así.

¡Gracias!

Prefacio

POR LA DRA. NURIA MARTÍNEZ

He conocido a Verónica Rodríguez de Almeida por más de diez años. Una de nuestras primeras interacciones fue en la República Dominicana. Yo dirigia un grupo musical juvenil de campanas en Puerto Rico y el grupo había sido invitado a viajar a la República Dominicana para tocar en un evento musical patrocinado por nuestra Iglesia, La Iglesia de Jesucristo de los Santos de los Últimos Días. Ella me escribió un correo electrónico ofreciéndonos ayuda en forma de comida o habitaciones para quedarnos. Nos informó sobre la logística allí y fue muy útil en todo momento. Menciono esto porque está en la naturaleza de Verónica, si puede, ayudar y usar su experiencia para facilitar el camino de los demás.

Un año después, mi esposo y yo fuimos asignados a la República Dominicana, ¿y adivina quién estaba esperando para ayudarnos a ubicarnos en el apartamento? ¡Lo adivinaste!

Verónica estaba allí para mostrarnos dónde encender el calentador de agua, dónde estaban los interruptores de luz y a quién podíamos contactar en caso de que surgiera algún asunto urgente. Nos trajo un regalo de bienvenida y se aseguró de que supiéramos cómo comunicarnos con ella si necesitábamos más ayuda. Más adelante, nos invitó a comer. Disfrutamos mucho de su compañía durante los años que estuvimos allí juntos.

Cuando Verónica me contó por primera vez la historia de los fiadores en El Salvador y cómo sus intervenciones ayudaron a que regresaran a los Estados Unidos, ¡quedé asombrada! Aquí estaba esta mujer pequeña, de cabello oscuro, que hizo algo extraordinario y que pocas personas, aparte de quienes participaron en los hechos, conocen. Le dije que debía escribir sobre su experiencia, no solo porque cambió la vida de los hombres encarcelados, sino para que otros vean que una sola persona puede marcar la diferencia, una persona con fe y determinación. Es asombroso que, en medio de una de sus peores crisis personales, haya dejado de lado su propia vida momentáneamente para concentrarse en las necesidades de otros. Y no solo eso, sino que Verónica también motivó a otros a actuar: su madre, su tío y el juez. ¿Quién sabe cuántos más se sintieron inspirados por ella en ese momento?

Leí sus primeros borradores y fui su primera editora. Su libro terminado es una obra pulida que expresa con palabras sencillas lo que vivió y lo que sufrieron esos jóvenes y sus familias. Ella destaca la mano de Dios moviéndose e impulsando a otros a actuar para mejorar las circunstancias de esos jóvenes. Con suerte, otros se sentirán inspirados a actuar al leer su libro. Tal vez tú te sientas inspirado a hacer algo bueno pero difícil. Si es así, estoy segura de que a Verónica le gustaría saberlo, porque podría inspirarte a seguir a Cristo también. Y esa es una de sus aspiraciones; acercar a otros a Jesucristo, ayudarles a querer seguir Su ejemplo y llegar a ser más como Él.

Nota de la autora

La mayoría de las personas que conozco tienen al menos una obsesión. La mía es la Navidad. Me encanta la calidad del tiempo que se pasa con amigos y familia. Cada año espero con ansias la temporada navideña.

Cuando era niña, mi madre también estaba obsesionada con la Navidad, tanto que nuestro nacimiento ocupaba un área de aproximadamente tres metros por dos. Personas al azar venían a nuestra casa para verlo. También preparaba alrededor de 200 canastas de alimentos que regalaba. Mi madre hacía todo eso por su amor a Cristo. Incluso me nombró en honor a la Verónica que, según se dice, fue la mujer que limpió el rostro de Cristo mientras Él cargaba la cruz.

Presumo que de ella heredé mi amor por Cristo y por la Navidad.

Para mí, la temporada navideña no comienza

después de la enorme cena de Acción de Gracias en noviembre, sino en septiembre, poco después de que inicia el nuevo ciclo escolar. Aprendí eso de la gente en Filipinas, donde la Navidad comienza oficialmente el 1 de septiembre.

Así que en septiembre empiezo a comprar regalos para las personas en mi lista. También saco todas las cajas que han estado guardadas casi un año con una etiqueta que dice "Xmas" para prepararme para ese día especial de diciembre. En los primeros días del cristianismo, los cristianos usaban la letra X como símbolo secreto para indicar a otros su pertenencia a la iglesia. Si conoces el significado griego de la X—Chi—las palabras "Xmas" y "Navidad" esencialmente significan lo mismo.

Después de sacar todas las cajas de navidad, reviso lo que he guardado de años anteriores y quito el polvo de las decoraciones.

Y eso me pone en el ánimo para la música navideña. Probablemente soy la única persona que conoces que empieza a escuchar música navideña en septiembre. Para mí, no hay nada más sublime que la interpretación del *Mesías* de Handel por el Coro del Tabernáculo. ¿Alguien más hace eso?

Me encantan las luces brillantes y los jardines decorados con alegría. Conocí a un vecino que decoraba su casa maravillosamente cada año para que todos la vieran. Tenía miles de luces que colocar, así que comenzaba a preparar su exhibición desde principios de agosto. ¡Quizás algunos de nosotros podamos identificarnos!

También empiezo a leer cualquier libro nuevo de Navidad que haya salido, veo todos los clásicos navideños. Repaso discursos, escrituras, podcasts y cualquier otra cosa que encuentre sobre la vida de Cristo. También saco mi cuaderno marcado "Historias Navideñas". Mi colección incluye historias como *La Naranja de Navidad*, *El Regalo de los Reyes Magos*, *Nochebuena 1881*, *La Media Blanca de Navidad* y *No había Sitio en la Posada*, por nombrar algunas.

¿Tienes historias que te gusta volver a leer en Navidad? Si es así, quizás quieras agregar una nueva a tu colección: *Cómo una Celda Salvó la Navidad*.

Prólogo

Todos, en algún momento de nuestras vidas, sufrimos una ruptura del corazón. Es parte de ser humanos. Es muy fácil ser feliz cuando todo va bien, pero ¿qué pasa en los momentos difíciles? ¿Cómo se puede salir del abismo de la desesperación? Este libro aborda cómo encontré paz y alegría en uno de los momentos más oscuros de mi vida. Mostrar cómo lograrlo fue la razón principal por la que escribí este libro.

¡Soy creyente! Por lo tanto, la perspectiva que comparto en este libro, refleja mi formación religiosa y una serie de ideas personales que he recolectado de personas que me ayudaron a sobrellevar una etapa en la que sentía que había llegado al límite. Estos amigos fueron mis ángeles ministrantes. Vinieron a mi auxilio y trajeron luz a mi vida sombría.

Cada capítulo comienza con una escritura que es muy querida para mí. También comparto citas inspiradoras que fueron fundamentales para ayudarme a superar mi dolor. La mayoría de las citas provienen de la versión Reina-Valera de la Biblia. En algunos casos, cito otras traducciones bíblicas, y cuando lo hago, menciono la fuente.

Este libro está dividido en dos partes. La Parte Uno es *El relato de dos historias*, que consiste en dos incidentes de mi vida. La Parte Dos es *Lecciones aprendidas*, lo cual se explica por sí solo. Es importante entender por qué atravesamos pruebas en la vida y qué nos enseñan esos momentos difíciles. Es en esos momentos de dificultad cuando más crecemos y nos convertimos en mejores personas.

Este libro está destinado a dar esperanza a aquellas almas que están experimentando un dolor tan grande que les impide disfrutar de la vida. Mi deseo es compartir lo que descubrí sobre cómo encontrar alegría, paz y esperanza en medio de las cenizas de la desesperación. Narra experiencias que ocurrieron principalmente durante lo que había sido mi época favorita del año. Cada año, esperaba con entusiasmo celebrar la Navidad.

Excepto ese año. No tenía ánimo para fiestas ni celebraciones de ningún tipo. Mi mundo como yo lo conocía se había derrumbado, y me sentía abrumada por la oscuridad. Me encontraba en un punto extremadamente bajo de mi vida. Pero sobreviví. Afortunadamente, me vi inmersa en una situación que no solo salvó mi Navidad, sino también mi cordura.

He dudado un poco sobre qué escribir o no escribir. Por un lado, quiero ser genuina y real compartiendo con mis lectores mis inseguridades y vulnerabilidades con cada lección que he aprendido. Luego, está mi otro lado que quiere mantener las cosas en privado para proteger mi vida personal, mi lado introvertido quiere guardar las cosas privadas. Pero también soy franca al defender una causa que me importa y últimamente mi causa y misión es ayudar a las personas a aprender lo que a mí me llevó años saber y entender. Mientras lucho con qué hacer, no voy a endulzarlo ni pretender que no sucedió. Decidí ser completamente honesta sobre quién soy yo y lo que me sucedió.

En algunos casos, he cambiado nombres y alterado información personal para proteger la privacidad de otros; con algunos, se me permitió usar sus nombres reales. El contenido proviene de hechos verídicos. Esta historia está tomada de mi propia vida, y por eso, me atribuyo todo el mérito.

PRIMERA
PARTE

La historia de dos relatos

Y la paz de Dios, que sobrepasa todo
entendimiento, guardará vuestros corazones
y vuestros pensamientos en Cristo Jesús.

– FILIPENSES 4:7

1

Las lágrimas de una hija
y las mías

Era esa época del año en que normalmente estaría ocupada comprando regalos y preparándome para la Navidad, pero en su lugar fui a ver a una terapeuta para asegurarme de que no me estaba volviendo loca. La visita fue provocada por una carta que encontré escrita por mi hija de doce años.

> *"La escuela ha terminado, la campana de la libertad suena. Estoy abrumada con tareas y un montón de otras cosas. Mamá me recoge y papá me deja; normalmente apenas llego a clase a tiempo. Es solo porque ambos quieren su "tiempo a solas."*

Cuando llego a casa, mi papi aún no ha vuelto. Observo a mi mamá ir a su habitación a orar. Me quedo junto a la puerta y escucho; puedo oír su voz quebrarse mientras llora. (Sabes, lo peor que puedes oír son las lágrimas de tu madre). Pienso en las memorias de mi infancia. Recuerdo las cosas que solía hacer. Tuve una vida perfecta; iba a la iglesia los domingos con mi mamá, papá y hermanas. De todos modos, no me importaba. Pensaba que la vida era solo un juego.

Entonces las cosas empezaron a caer de repente. Los miembros de la familia empezaban a morir. Pude ver lo molesto que estaba mi padre. Más tarde, noté que había cambiado. Dejó de ir a la iglesia y se volvió egoísta y enamorado de sí mismo. Fue entonces cuando mi mamá nunca volvió a ser la misma. Lloraba un poco todos los días. Sabía que algo andaba mal. No soy tan tonta. No soy tan estúpida como crees. Pude darme cuenta de que algo andaba mal antes de que parpadearas.

Mi mamá y yo vamos en el auto a la tienda. Ella se queda callada. Ha estado haciendo eso mucho últimamente. Se da la vuelta y me hace esas preguntas difíciles. Me da una elección que no puedo hacer. Yo quiero una familia que no se rompa. Quiero que mi papá sea el mismo. No soporto cuando mi mamá me mira así, con esa mirada de confusión y también de sufrimiento.

Ella es infeliz; quiere que mi papá se vaya. Pero también quiere lo mejor para todos. Empieza a llorar, yo intento contenerme. Es difícil tener una familia que pueda durar sin romperse porque este mundo ha cambiado, y es más duro que en los viejos tiempos. Es tan afilado; incluso podría desgarrar familias. Eso es lo que le hizo a mi familia no hace mucho. Así que ahora me queda una decisión propia. Si quiero a mi mamá feliz, o una mamá infeliz con papá. De cualquier manera, es una familia rota. A veces desearía no tener ninguna. Desearía poder vivir sola, lejos de este mundo cruel que tiene familias rotas. Lleva corazones rotos que se quiebran cada día. Lleva sueños rotos que arruinan a una persona. Eso es algo así como lo que le pasó a mi papá. También lleva crímenes y muchos pecados. Mi único deseo es vivir lejos de esto.

Quiero ser una heroína, o tal vez vivir en una humilde granja. Quiero ser esa chica bonita.

Quiero ser esa chica inteligente y con talentos. Pero cada día me revuelco. Este mundo en el que vivo empieza a arder. Pero a veces mis padres actúan como si no supiera, pero lo descubrí hace mucho tiempo. No soy tan tonta como creen. Pude darme cuenta de que algo andaba mal antes de que parpadearan. Solo hay una cosa que no entiendo. ¿Qué salió mal y por qué mi vida está patas arriba?"

Me quedé mirando las palabras que mi hija había escrito, mientras los pedazos rotos de mi corazón se astillaban aún más.

¡Oh, no! Necesito mostrarle esto a Bruno.

Él estaba sentado en el sofá, hablando con su celular, y se negó a hacer contacto visual cuando le hice señas. Finalmente, colgó el teléfono.

Le entregué la carta. "Realmente no quiero ser parte de una estadística de familias desintegradas. ¿Podemos ir a ver a un terapeuta? Por favor, lee esto".

Bruno se puso las gafas y empezó a leer la carta mientras yo esperaba pacientemente a que terminara.

Unos momentos después se quitó las gafas y las dejó en la mesa adjunta al sofá. Luego me devolvió la carta.

"Ella estará bien. Probablemente le hará bien. La hará fuerte y resiliente".

"¡Resiliente!" grité. "¿No hay una mejor manera de ser resiliente que pasar por un dolor como ese?"

Mis ojos estaban hinchados de tanto llorar, e hice algo que nunca había hecho antes, excepto al orar. Me arrodillé, juntando mis manos, y le supliqué: "¡Por favor, reconsidera lo que estás haciendo, Bruno! Hemos tenido una familia buena, maravillosa y feliz hasta ahora".

Sus frías palabras me atravesaron el alma cuando me dijo: "¿No sabes que llorar te hace ver aún más fea? Y mira tus manos de lagarto. A veces siento como si estuviera en la cama con mi abuela. Lamento no poder consolarte, Verónica, pero no me atraes y no puedo estar con una mujer que no amo. ¡Deja de intentar salvar el divorcio!"

Me puse de pie, le quité las gafas, las aplasté en mis manos y las tiré al suelo. Lo que realmente quería hacer era estrangularlo por ser tan cruel conmigo.

Su respuesta me dejó sin palabras: "¡No me tienes y nunca me tendrás! ¡Vete al infierno!" Luego salió furioso de la casa, dando un portazo tras de sí.

Amarás a tu esposa con todo tu corazón,
y te allegarás a ella y a ninguna otra.

– DOCTRINA Y CONVENIOS 42:22

2

Familias Desintegradas

Aquellos de nosotros que tenemos religión en nuestro matrimonio sabemos cuánto vamos más allá de lo normal para proteger la santidad de la familia. El élder Henry B. Eyring, miembro de la Presidencia de la Iglesia de Jesucristo de los Santos de los Últimos Días, dio el discurso final en el coloquio sobre el matrimonio y la familia en el Vaticano en Roma, Italia. El élder L. Tom Perry estuvo presente y dijo: "El presidente Eyring compartió un poderoso testimonio de la belleza del matrimonio y de nuestra creencia en la bendición y promesa de que las familias son eternas".

En nuestro hogar, tenemos "La Familia: Una Proclamación para el Mundo" enmarcada y colgada en la pared como un recordatorio y para consultar en caso de que nos confundamos cuando el mundo que nos rodea intente definir qué constituye una familia. Esta proclamación fue dada por la Primera Presidencia de La Iglesia de Jesucristo de los Santos de los Últimos Días en 1995. Aquí hay un extracto de la misma: "La familia es ordenada por Dios. El matrimonio entre el hombre y la mujer es esencial para Su plan eterno. Los hijos merecen nacer dentro de los lazos del matrimonio y ser criados por un padre y una madre que honran sus votos matrimoniales con completa fidelidad. La felicidad en la vida familiar tiene mayor probabilidad de lograrse cuando se basa en las enseñanzas del Señor Jesucristo".

Lo que estaba experimentando en mi matrimonio era lo opuesto a lo que la proclamación dice que debería ser una familia. De hecho, descubrí cómo es el infierno. Sentí la presencia de Satanás como si se estuviera riendo histéricamente de nosotros, no solo respaldando lo que estaba sucediendo sino instándonos a seguir peleando. La sensación era oscura. Me quedó claro que nunca querría habitar en ese espacio feo y oscuro donde existen Satanás y sus secuaces. ¡No quería volver a tener nada que ver con la oscuridad que había estado experimentando!

Hay una cualidad divina en rechazar la idea del divorcio, pero, lamentablemente, el divorcio sí ocurre. Cada vez más a menudo en estos días, parece que dejar a tu cónyuge por uno nuevo no es diferente a cambiar un auto viejo por un modelo más reciente.

Estaba increíblemente confundida por el rechazo de Bruno hacia mí. Solo un año antes, me había escrito una carta de amor para el Día de la Madre.

"Quiero decirte en este día especial que te amo y aprecio lo mucho que trabajas. Eres una madre amorosa, y tus hijas saben que las amas. Me apoyas mucho a mí y a mi loco horario de trabajo. Sé que nuestra vida juntos no ha ido como lo planeado con mi empleo y nuestro progreso financiero, pero espero que no estés demasiado decepcionada. Con suerte, las cosas irán mejor este año y el próximo hasta que podamos vender el negocio e intentar algo nuevo. Esperando más recuerdos felices juntos".

Así que encontré una terapeuta. La Dra. Alicia Bell.

"Estoy impactada". le dije. "¿Cómo puede alguien cambiar tan rápido? No sé por qué no puedo quitarme este sentimiento doloroso cuando pienso en las veces que Bruno me hirió. Es difícil motivarse cuando tu mundo se derrumba y no hay nada que puedas hacer al respecto. Simplemente ya no me importa nada".

Ella explicó: "Una de nuestras frustraciones con el amor es nuestra incapacidad para mantenerlo. Como arena que se escurre entre nuestros dedos, cuanto más fuerte la sujetamos, más rápido parece caer. Sería bueno si el amor fuera tan simple como hornear una tanda de galletas o construir una casa en el árbol para el patio trasero: un simple conjunto de ingredientes, una lista lógica de pasos a seguir. Pero todos sabemos la verdad. El amor no se puede fabricar. No se puede comprar ni comerciar. No se puede forzar. No se puede controlar. No se puede trazar en un mapa ni desglosar en una lista de tareas".

"Entiendo. ¿Pero qué voy a hacer con mis pensamientos negativos, con la ira, con el dolor insoportable que siento?"

"Todos experimentaremos en un momento u otro esos sentimientos: rechazo, humillación, desesperación. Abrir nuestro corazón a otra persona, solo para ser rechazados, es una de las experiencias más dolorosas de la vida. Duele más porque en el amor somos más vulnerables. Es peor que el dolor físico porque nos sacude en el centro de nuestra identidad, nuestras esperanzas y nuestros sueños. Probablemente no haya un tema que haya cautivado a la gente a lo largo de los siglos y en casi todas las culturas más que el tema del amor y la ruptura".

Suspiré, "Eso es muy cierto".

"Pusimos un hombre en la luna, rompimos la barrera del sonido, y mapeamos el genoma humano…"

"Espere un segundo, ¿puedo grabar eso?"

La Dra. Bell se detuvo, "Por supuesto"

Hice clic para grabar en mi teléfono. "Ok, estoy lista".

Ella continuó: "Pero mantener el amor vivo sigue siendo un completo misterio. La ciencia no ha podido explicarlo. Las matemáticas no pueden predecirlo. Los poetas todavía luchan con palabras adecuadas para describirlo. Puede que haya sido hace más de dos milenios, pero las palabras de Platón nunca han sonado más verdaderas, cada corazón canta una canción incompleta".

"El amor nos lleva a la cima de la montaña, y cuando se pierde, nos envía de vuelta al valle. No podemos evitar sentirnos vacíos. No podemos evitar sentirnos inútiles. No podemos evitar sentirnos desesperanzados —y tienes derecho a esos sentimientos— sin embargo, confía en mí en lo que predigo que sucederá: Lo que estás experimentando ahora, un día será un regalo para ti y tu comunidad. Tu honestidad y vulnerabilidad son apreciadas. No asumas que todos los demás están viviendo una vida ideal; te sorprendería cuántas personas están experimentando lo mismo que tú. Todos buscamos el amor. En cualquier momento dado, podemos estar lejos de él, pero nunca dejamos de esperar que la próxima oportunidad esté a la vuelta de la esquina. Todos buscamos el amor verdadero, y un día lo encontrarás".

Aparentemente, Bruno todavía buscaba el amor verdadero. Todo lo que sabía era que ya no era yo a quien el amaba. El amor, después de todo, es una elección, y él mismo lo dijo: "Te amo, pero no estoy enamorado de ti".

Recuerdo haberle explicado a mi terapeuta que sentía que Bruno era mi cruz.

"¿Pero qué pasa si la cruz no quiere ser cargada?"

Ella me abrió los ojos cuando dijo eso.

Quizás era hora de dejarlo ir y seguir adelante.

Durante ese tiempo, fui a ver a un amigo que es la única persona en el mundo que yo conocía que había escalado las siete cumbres más altas del mundo y navegado sus siete mares. También tiene mucho éxito en los negocios y es muy apuesto. Es difícil creer que alguien tan realizado como él haya sufrido un doloroso divorcio. Pensé que podría tener buenos consejos para mí. Este es un amigo en quien confío al cien por cien, así que fui a su oficina y compartí mis preocupaciones.

___"Verónica, vemos a gente a nuestro alrededor felizmente casada y pensamos, ¿por qué yo no? Pero no pienses asi. Estás bien tal como eres, y cuando te sientas bien con tu situación y estés feliz con tu vida tal como es, sucederán milagros. Yo nunca me había sentido tan solo como en mi matrimonio".

Él tenía razón. Necesitaba mantener la cabeza en alto. Todos aprendemos a ser resilientes al experimentar un corazón roto.

"Ya demasiados {matrimonios} tienen corazones rotos y hogares rotos debido a convenios rotos y promesas rotas. La creciente inclinación de la sociedad hacia la búsqueda del placer acerca nuestra llamada civilización más a Sodoma que a Edén." Élder Neal A. Maxwell

Cada vez que alguien me ha preguntado: "¿Hubo algo que pudiste haber hecho?"

Usualmente respondo: "¿Recuerdan a la princesa Diana, amada por millones de personas en todo el mundo? Si ella no pudo conservar a su esposo, el príncipe Carlos, ¿cómo iba a poder yo?"

Y cuando se refieren a mi hogar roto y preguntan por qué, simplemente digo: "Porque las personas cambian, y no se puede confiar en alguien que no está moralmente alineado, que carece de integridad y se niega a admitirlo".

El poder de Satanás es real, y si no estás haciendo las cosas pequeñas y sencillas para nutrir tu matrimonio, como explicó el élder Maxwell—especialmente, como en nuestro caso, si estás casado por el tiempo y toda la eternidad—estás en desventaja frente a los esfuerzos de Satanás por destruir tu unión. Cuando Bruno y yo dejamos de hacer lo básico, como leer las escrituras juntos, asistir al templo regularmente, orar como pareja cada día, incluso irnos a dormir a la misma hora, nos convertimos en un blanco fácil.

En ese momento de mi vida, me reconfortaba escuchar o leer palabras inspiradoras como estas del élder Dieter F. Uchtdorf, apóstol de La Iglesia de Jesucristo de los Santos de los Últimos Días:

"Dondequiera que estés, cualesquiera que sean tus

circunstancias, no estás olvidado. No importa cuán oscuros parezcan tus días, no importa cuán insignificante te sientas, no importa cuán opacado creas estar, tu Padre Celestial no te ha olvidado. De hecho, Él te ama con un amor infinito".

Para mí, estaba claro que Bruno se había ido. No quería estar con una mujer de cuarenta y cuatro años cuando podía estar con una mujer de la edad de nuestra hija. Estaba en medio de lo que ahora llamo una crisis de la mediana edad en esteroides.

Todo comenzó cuando mi cuñado falleció cerca de la Pascua. Bruno lo tomó muy mal y cayó en una profunda depresión. Decidió hacer un viaje para intentar levantar el ánimo. Allí conoció a una mujer, y después de su regreso a casa, nunca volvió a ser el mismo.

Aun así, me esforcé mucho por mantener mi matrimonio de más de veinte años solo por nuestras hijas. No me importaba mi persona. Solo quería el mejor resultado para nuestras niñas. Me preocupaba nuestra dulce hija menor, Mindy, quien a la edad crucial de doce años había escrito esa desgarradora carta que compartí antes. Quería, si era posible, quitarle el dolor. Esto es lo que hacemos las madres. Pero la verdad es que estaba impotente, y lo único que hacía para sobrellevar mis emociones era fingir que nada serio estaba ocurriendo, por el mayor tiempo posible, para ganar tiempo con la esperanza de que Bruno recapacitara. Estaba dispuesta a perdonarlo por el bien de mis hijas y de mis futuros nietos. Aún no podía aceptar que su ausencia en mi vida y en la familia que habíamos formado sería permanente.

Y quienes os reciban, allí estaré yo también,
porque iré delante de vuestra faz. Estaré a vuestra
diestra y a vuestra siniestra, y mi Espíritu esta-
rá en vuestro corazón, y mis ángeles alrededor de
vosotros, para sosteneros.

— DOCTRINA Y CONVENIOS 84:88

3

El día que fuí servida

Me asombra pensar en todas las personas que han acudido a mi ayuda en algún momento. En muchos casos, estas personas aparecieron de la nada para asistir, consolar, apoyar, patrocinar o sostenerme en mis pruebas, justo cuando más las necesitaba. Creo que son ángeles ministrantes enviados desde el cielo.

Por ejemplo, recuerdo cuando mi primogénita, Cristi, que acababa de cumplir un año, estaba jugando con un cinturón que tenía un gancho en la punta. El gancho se le incrustó en el ojo, y al intentar sacarlo, su ojo comenzó a salir con él. Cuando vi lo que estaba sucediendo, lo único que pude hacer fue gritar histéricamente.

Grité tan fuerte que mi vecino del piso de arriba, Nelson Bonilla, me escuchó. Rápidamente vino a mi ayuda y, con mucho cuidado y calma, retiró el gancho del ojo de Cristi. De no haber sido por su asistencia angelical, mi hija podría haber perdido el ojo.

También recuerdo a Carlos Merino, quien venía a mi casa a quitar la nieve o sacar la basura. No era mi vecino de al lado. Carlos vivía al otro lado de la ciudad, a unos treinta minutos en auto. Era un hombre mayor y un "reparador" que podía arreglar cualquier cosa. Era buen amigo de mis tías desde su juventud y me recordaba desde que era niña. Podía contar con él para todo tipo de ayuda.

Otra vez, un amable desconocido se tomó el tiempo de ayudar a mi pequeña hija perdida a encontrar a su madre. Yo estaba dentro de una tienda muy concurrida y no sabía que ella se había alejado de mí y estaba caminando sola por el estacionamiento.

También recuerdo cuando tuve el valor de tocar la puerta de mi amigo David Robinson, un médico. Mi hija sufría de una erupción en su rostro que no desaparecía. Él amablemente se tomó el tiempo de examinarla y diagnosticó que la erupción era causada por una bacteria que devora la piel. Gracias a su ayuda, la enfermedad fue controlada rápidamente.

Y cómo olvidar las maravillosas bendiciones que he recibido de líderes del sacerdocio increíbles. Tres obispos vienen inmediatamente a mi mente: el obispo Bekker, el obispo Bouman y el obispo Lowder, quienes quisieron ayudarme a aliviar el dolor de un divorcio inminente.

Podría seguir contando historia tras historia de tantas personas que han sido ángeles para mí, pero me enfocaré en una muy cercana a mi corazón.

Era una mañana nublada y fría de sábado en octubre cuando mi amiga María y su madre Marilú vinieron a visitarme. Estábamos riendo y pasándola bien cuando escuchamos el familiar *ding dong* del timbre.

Mindy, mi hija adolescente, fue a abrir la puerta y gritó:—¡Mamá, es para ti!

Cuando escuché eso, el miedo llenó mi corazón. *Por favor, por favor, por favor, que no sea lo que temo…*

Sentía agonía mientras caminaba por el pasillo. Mi pecho se sentía como si estuviera a punto de sufrir un ataque al corazón.

Mindy había dejado la puerta entreabierta. Contuve la respiración y la abrí lentamente. Tenía miedo de quién podría estar al otro lado.

Un mes antes, mi esposo había declarado que quería divorciarse y decidió mudarse de la casa. Como tenía miedo de recibir los papeles de la demanda, no abría la puerta si estaba sola.

Mi temor se materializó frente a mí cuando intercambié miradas incómodas con un hombre que no conocía, quien me presentó los documentos legales y un recibo para que lo firmara.

Vi por primera vez en blanco y negro el apellido de mi esposo, contra el mío. Nunca imaginé que algún día llegaríamos a este punto de enfrentarnos como oponentes en un ring de boxeo.

◆

Bruno y yo habíamos estado casados por veintidós maravillosos años. Éramos muy compatibles en cuanto al trabajo humanitario, especialmente durante la temporada navideña, cuando nuestro hogar se convertía en el pequeño taller de Santa.

La gente de nuestra comunidad sabía que nos encantaba ser "sustitutos de Santa", y cada año encontrábamos una familia que necesitaba ayuda. Muchos de nuestros amigos y vecinos se sumaron y también ayudaron, tanto que un año hicimos de Santa para doce familias. Nos encantaba tocar el timbre en las casas de la gente, dejar los regalos que llevábamos en bolsas enormes y correr de vuelta al carro tan rápido como podíamos.

A veces las personas sabían quiénes éramos y nos agradecían durante años. Puede que acabaran de llegar de otro país y solo trajeran lo que llevaban puesto, o que estuvieran pasando por una dificultad como un divorcio, una enfermedad o la pérdida de un empleo. Una y otra vez esas familias contaban cuánto apreciaban lo que hacíamos y cuánto recordaban esa Navidad. Nos encantaba ayudar de esa manera, y se convirtió en una tradición navideña familiar.

Pero, ¿qué pasaría con esta próxima Navidad?

❖

A Bruno siempre se le conoció por su gran corazón. Le encantaba ayudar a la gente, y a mí también. Nunca discutimos ni tuvimos grandes desacuerdos. Éramos una pareja sólida en las cosas que más importaban, una de las cuales era nuestro profundo amor por la familia y el hogar. Durante décadas, fuimos parte del mismo equipo, queriendo las mismas cosas. No nos ocultábamos secretos, terminábamos las frases del otro, éramos devotos el uno al otro. Cada vez que nuestras miradas se cruzaban, nos lanzábamos besos.

Una vez, cuando recién estábamos casados, un profesor le preguntó a Bruno: "¿Cuál es tu pasatiempo favorito?" "¡Mi esposa!" Él había respondido rápidamente. Cuando recién nos habíamos casado, él escribió en su diario:

"Quiero poder decir siempre que amo a Verónica más hoy que ayer. Me preocupa que en el futuro pueda olvidar mi determinación de hacer de nuestro matrimonio un éxito y lo mejor de la vida. Espero que siempre seamos los mejores amigos antes que cualquier otra cosa. Quiero comprometerme ahora a mostrarle mi aprecio y mi amor por ella con las pequeñas cosas que puedo hacer por ella, como regalos y notas de amor y cosas así. Realmente y honestamente creo que vamos a ser la pareja más feliz del planeta. Es maravilloso estar enamorado. Es difícil, si no imposible, describir la atracción que siento por Verónica. Tengo tantas ganas de amarla y hacerla feliz y que sienta el amor que tengo por ella. No sé qué pruebas nos depara el futuro, pero si puedo recordar siempre el amor que siento por

*ella, entonces creo que daría mi vida por ella si
fuera necesario".*

Bruno solo tenía ojos para mí porque durante
muchos años fui joven y hermosa. Pero lentamente
envejecí, y algunos hombres que atraviesan una crisis
de la edad media tienen problemas para verse con una
mujer mayor; quizás los obliga a ver que ellos también están envejeciendo. Todo estuvo bien mientras
me vi joven, pero finalmente llegó la mañana en que
me dijo que ya no me amaba. No mucho después, el
hombre con los papeles de divorcio llegó a mi puerta.

Me quedé mirando esos papeles. Me quedé sin
palabras, entumecida y en estado de shock. Nuestra
hermosa historia de amor había terminado. Las lágrimas corrían por mi rostro mientras llevaba los papeles de vuelta a la cocina donde estaban mis amigas, y
después de un momento de silencio les dije la verdad;
no había más pretensiones de que éramos una familia
perfecta.

Me aclaré la garganta: "Esto es todo. ¡Se acabó!"

Nos abrazamos, formando un círculo en un abrazo
grupal. No recuerdo lo que me dijeron, pero Marilú,
una mujer de ochenta y tantos años con gran sabiduría,

me habló de una manera que me hizo sentir mejor.

Mirando hacia atrás, creo que Marilú y su hija María fueron enviadas del cielo. María, también conocida como Chachis, es una amiga que conozco desde la universidad y a quien quiero como a mi propia hermana. Cuando ella y su madre vinieron a mi casa ese día, me pregunté, ¿qué las había hecho venir? Nunca antes me habían visitado de forma espontánea. En el pasado, cuando venían, era para una invitación a cenar, para una fiesta o algún otro evento. Pero allí estaban cuando más las necesitaba. El hecho de que mis mejores amigas hubieran venido a visitarme precisamente en ese momento fue una tierna misericordia. Ese día, sentí el amor de mi Padre Celestial.

"Testifico de los ángeles, tanto celestiales como mortales. Al hacerlo, testifico que Dios nunca nos deja solos, nunca nos deja sin ayuda en los desafíos que enfrentamos. Y siempre hay ángeles que vienen y van a nuestro alrededor, vistos e invisibles, conocidos y desconocidos, mortales e inmortales". Élder Jeffrey R. Holland

El divorcio en la sociedad actual ya no es impactante, pero sigue siendo una sorpresa cuando dos personas casadas, sin importar su religión, han experimentado un matrimonio largo y aparentemente feliz solo para ver su unión disolverse. En mi iglesia, La Iglesia de Jesucristo de los Santos de los Últimos Días, hacemos algunos convenios muy distintos y serios cuando nos casamos en el templo por tiempo y por toda la eternidad. Esos convenios son muy parecidos a los que hicieron Adán y Eva, y son eternos. No deben tomarse a la ligera porque se producen graves consecuencias si no preservamos nuestra parte de la relación del convenio. Esto es lo que hace que una anulación de matrimonio en el templo sea aún más trágica. Por el contrario, cuando guardamos esos convenios sagrados, somos elegibles para obtener la promesa de Dios de la exaltación en Su presencia para siempre.

Nuestra hija menor estaba en sexto grado en ese momento, y por mucho que habíamos intentado fingir que éramos una pareja feliz, ella podía sentir la tensión.

Un domingo de ese otoño, cuando el tiempo empezó a enfriarse, nos levantamos para ir a la iglesia como lo habíamos hecho innumerables veces anteriormente. Era un día nevado y Bruno se negó a acompañarnos. Dijo que prefería ir a esquiar.

"Además", había dicho, "en un buen día, preferiría ir de excursion a escalar las montañas".

Guardar el día de reposo es lo que hacemos como familia. Seguimos las Escrituras y dedicamos este día al Señor, renunciando a nuestro propio placer. No hay una ley escrita que diga qué hacer o no hacer en el día de reposo; es algo individual. Pero para nuestra familia, el domingo siempre había sido el día en que íbamos juntos a la iglesia, incluso de vacaciones. El resto del día, visitábamos a familiares o a alguien que estuviera enfermo.

Para mí también era un día de "siesta". Sí, me encantaba mi siesta dominical. No íbamos al trabajo, ni de compras, o al cine, a conciertos, a eventos deportivos o a fiestas. De hecho, no hacíamos nada de lo que normalmente hacíamos en cualquier otro día.

El hecho de no ir a la iglesia con nosotros marcó el comienzo del cambio de corazón de Bruno. A medida que su personalidad cambiaba, era como si ya no supiera quién era. Las hojas caían y el clima exterior cambiaba de la misma manera que mi matrimonio se había vuelto menos cálido y más frío. Podía decir que algo andaba mal, pero no podía identificarlo.

…Sus madres les habían enseñado que si no dudaban, Dios los libraría. Y me repitieron las palabras de sus madres, diciendo: No dudamos que nuestras madres lo sabían.

ALMA 56:47-48

La súplica de una madre

Era una de esas temidas mañanas de lunes justo después de que me entregaran los papeles de divorcio. Era casi mediodía; me sentía deprimida y ni siquiera me había levantado de la cama cuando sonó el teléfono.

El identificador de llamadas mostraba un número que no reconocía. Al principio, no quise contestar el teléfono porque pensé que probablemente era una llamada automática. Sin embargo, un impulso me animó a contestar la llamada.

"Hola, habla Verónica".

"Hola, Verónica. ¿Es usted la Cónsul Honoraria de El Salvador?"

"Sí", no tenía idea de quién me llamaba, pero por su voz pude notar que la mujer estaba ansiosa y agitada.

Juan Pedro me dio su número de teléfono. Me dijo que usted tiene buenas conexiones en El Salvador y que probablemente sabría qué hacer. Necesito ayuda para mi hijo Eddy. Está en la cárcel con un compañero de trabajo y su jefe. Sé que es inocente de lo que se le acusa. Es un buen chico".

"¿Puedo preguntar qué pasó?"

"No lo sé exactamente, aparte de que mi hijo y los otros dos, además de tres policías, fueron arrestados en el aeropuerto de San Salvador el sábado pasado. Intentaban salir del país con un hombre que necesitaba regresar a los EE. UU. El jefe de mi hijo es dueño de una empresa de fianzas en Las Vegas, y no sabían que estaban haciendo algo malo. Eddy no sabe español. No entiende lo que dicen…"

«¿Quiere decirme que su hijo no sabe por qué ha sido arrestado?"

"¡Así es!"

Solo podía imaginar lo insensato que sería si tuviera a un hijo encarcelado en un país extranjero sin entender el idioma. Me puse en su lugar y le dije: "Permítame llamar a algunas personas para averiguar más sobre el caso. La llamaré de regreso".

El lugar favorito de mi familia en el planeta es El

Salvador. A pesar de toda la mala fama, nuestro país es nuestro cielo en la tierra. Mi pais lleva por nombre El Salvador o sea El Savador del mundo dando referencia a Jesucristo.

Soy de allí, así que, naturalmente, mi familia en los Estados Unidos comenzó a visitarlo desde que mis hijas eran bebés. Allí fue donde aprendieron español.

Año tras año regresábamos a mi patria. Podría ofrecerle a mi familia un viaje a cualquier parte del mundo, pero aún así elegirían El Salvador primero. Ha ocupado un lugar especial en nuestros corazones.

En 2001, un terremoto masivo, seguido de otro solo un mes después, sacudió la ciudad donde nací. Toda esa destrucción me mantenía despierta por la noche pensando en todas esas personas que lo habían perdido todo. Llamé a mi familia y amigos que conocía en el gobierno para preguntar si había algo que pudiera hacer, y fue entonces cuando fui nombrada Cónsul Honoraria de El Salvador en el estado de Utah.

En ese papel, recibí muchas llamadas de salvadoreños que temían la deportación y no sabían qué hacer. A algunos les preocupaba qué hacer con sus hijos que eran ciudadanos estadounidenses. Otros tenían problemas peores; se encontraban en la cárcel porque habían estado usando números de Seguro Social falsos, lo cual es un delito grave.

Sin embargo, esta vez, la llamada no vino de un ciudadano salvadoreño sino de una mujer estadounidense, que temía por su hijo. Como madre, pude sentir su pena.

He inventado muchas excusas para ir a El Salvador, pero esta vez era urgente. Tenía la garganta seca y con picazón, y la cabeza me dolía como si me estuviera resfriando.

Había estado llorando sin parar durante dos días, y mis ojos estaban rojos e hinchados. De hecho, todo mi cuerpo se sentía como si un tren lo hubiera atropellado. Me sentía mal del estómago, incapaz de comer o dormir, y había perdido peso. Sin embargo, me sentí impulsada a hacer algo, cualquier cosa para ayudar a su hijo.

También estaban mis presentimientos. Algunos lo llaman intuición. Con demasiada frecuencia no prestamos atención a esas inspiraciones, pero son increíblemente importantes. Incluso los más simples susurros pueden tener efectos profundos en las decisiones que tomamos. Aprendí de la peor forma, que si no actúo cuando esos sentimientos llegan, me arrepiento después. Fui lo suficientemente inteligente como para prestar atención esta vez.

Pedid, y se os dará; buscad, y hallaréis; llamad, y se os abrirá.

– MATEO 7:7

5

Pidiendo Ayuda

Frecuentemente oyes a la gente decir: "No es lo que sabes, sino a quién conoces". A menudo he comprobado que esto es cierto.

Me enteré de una situación un año antes en la que una chica de Bolivia intentó entrar a El Salvador sin visa. Llamémosla Sofía. Ella venía de Utah con el grupo "Help International" para hacer trabajo humanitario. Todos eran ciudadanos estadounidenses excepto ella. La aerolínea debería haber detectado eso, pero se pasó por alto y Sofía abordó el avión. Uno por uno, todos sus amigos compraron la visa de turista requerida al entrar al país, excepto ella. Sofía tenía pasaporte boliviano, y eso requería una visa especial para entrar a El Salvador.

Se le denegó la entrada.

Los requisitos cambian constantemente, y esa es una razón por la que las aerolíneas suelen ser muy cuidadosas al verificar los documentos de tránsito. Siempre debes verificar si necesitas una visa para el país al que viajas, antes de comprar un boleto.

Yo estaba en Salt Lake City en una reunión de un club de lectura con mis amigas cuando recibí la llamada sobre Sofía. Se estaba haciendo tarde y a la pobre Sofía le dijeron que pasaría la noche en el aeropuerto. La aerolínea planeó enviarla de regreso a Los Ángeles a la mañana siguiente.

Hablé con el cónsul general de El Salvador en Los Ángeles para que la estuviera esperando. Me dijo que la atendería tan pronto como llegara a su oficina. Mientras tanto, decidí buscar a alguien en El Salvador que tuviera la autoridad para permitir que Sofía ingresara al país.

Normalmente, habría hablado con Francisco Flores, el presidente de El Salvador en ese momento. Él era compañero de clase, amigo y primo lejano, pero estaba fuera del pais. En su lugar, hablé con todas las personas en las que pude pensar: representantes de seguridad del aeropuerto, administradores de la aerolínea, ministros y viceministros del gobierno.

Finalmente, contacté a la secretaria del vicepresidente, Liliana Hernández, quien era miembro de La Iglesia de Jesucristo de los Santos de los Últimos Días, como yo. Nos conocíamos bien. La hermana Hernández entendió el problema y sabía que la chica había venido a hacer trabajo humanitario con el grupo "Help International". Me dijo que le preguntaría al vicepresidente si podía firmar un documento en su nombre para que Sofía fuera admitida a El Salvador sin visa.

En las primeras horas de la mañana siguiente, antes de que Sofía necesitara abordar el avión de regreso a Los Ángeles, Liliana me llamó para informarme que el problema se había resuelto. A Sofía se le concedió una visa especial para que pudiera hacer su papeleo en San Salvador en lugar de regresar a Los Ángeles solo para dar la vuelta.

Se le indicó que fuera inmediatamente a la oficina del consulado más cercano del aeropuerto, donde podría poner en orden su documentación. Gracias a mi querida amiga, Liliana Hernández, Sofía, una ciudadana boliviana, pudo pasar migración y la aduana sin una visa regular para comenzar su trabajo humanitario con el resto del grupo. **¡Qué milagro!**

Recordando esa experiencia, pensé que quizás podría ayudar a los jóvenes de la misma manera. Por supuesto, una cosa es obtener una visa y otra ser liberado de la cárcel.

Empecé llamando a mi familia en El Salvador y pidiéndoles que averiguaran qué había pasado en el aeropuerto. Inmediatamente se pusieron a la orden para ayudar. Mi madre habló con todos los que conocía sobre los "cazarrecompensas" eran conocidos localmente en El Salvador como "los cazarrecompensas" porque trabajaban para una compañía de fianzas.

Confirmamos que, en efecto, los jóvenes estadounidenses estaban en serios problemas.

Mi madre me informó: "No puedo creer que pensaran que podían llevar a alguien de regreso a los Estados Unidos sin pasaporte. Los periódicos están difundiendo rumores de que se les acusa de secuestro, pero no parecen de ese tipo. Creo que son inocentes".

Mi hermana llamó al presidente de El Salvador. Ella sinceramente pensó que el presidente del país podría hacer algo para ayudar a sacar a los jóvenes de la cárcel, pero él explicó que en casos como ese, depende del juez y de su abogado. Lo único que dijo fue: "¡Espero que tengan un buen abogado!"

Por lo demás, hermanos, todo lo que es verdadero,
todo lo honesto, todo lo justo, todo lo puro,
todo lo amable, todo lo que es de buen nombre;
si hay virtud alguna, y si hay algo digno de
alabanza, en esto pensad. Lo que aprendisteis,
y recibisteis, y oísteis y visteis en mí, esto haced;
y el Dios de paz estará con vosotros.

– FILIPENSES 4:8–9

La Celda

Cuando me enteré de que este caso estaría en manos de un juez y un abogado, supe que necesitaba averiguar quiénes eran. Uno pensaría que el presidente de un país podría sacar a alguien de la cárcel, pero yo sabía que el presidente no infringía las reglas.

Le dijo a mi hermana: "En mi administración, el poder de liberar prisioneros recae estrictamente en el sistema judicial, no en el ejecutivo".

Esta fue una mala noticia para los jóvenes. Aparentemente, fueron acusados no solo de hacerse pasar por agentes del FBI, sino también de secuestro. Se enfrentaban a la muy real posibilidad de pasar años en una prisión salvadoreña.

Sentí que tenía que ir a El Salvador. Necesitaba

hablar cara a cara con los jóvenes detenidos, la gente de la embajada de Estados Unidos, los reporteros de los periódicos que estaban difundiendo rumores, su abogado e incluso el juez, si era posible. Hice arreglos para que mi hija Mindy fuera cuidada en casa mientras reservaba el siguiente vuelo a El Salvador.

Me encanta ir a El Salvador siempre que sea posible. Cualquier excusa sirve. Mi diario tiene la siguiente entrada para el Día de Acción de Gracias de 2012:

"Estoy agradecida por este hermoso mundo y por la bendición de vivir en el extranjero, visitando tantos lugares diferentes en cada rincón del mundo. No es ningún secreto que me encanta viajar. Un año, di la vuelta al mundo cinco veces, pero un lugar muy cerca a mi corazón es mi lugar de nacimiento. Extraño despertarme con el sonido de las olas rompiendo, el ruido de los gallos o los pájaros cantando. Me encanta observar los hermosos atardeceres y cientos de estrellas por la noche. Nací en El Salvador, un país que lleva el nombre del mismo Salvador, y por eso, estoy agradecida".

Me sentí bien estar de nuevo en casa. Lo primero que hice al llegar fue averiguar dónde estaban detenidos los muchachos. Cuando fui a visitarlos a la cárcel, los tres estaban sentados en el suelo en una pequeña habitación sin luz, excepto por una pequeña abertura en la parte superior del techo. No había camas ni otros muebles en la habitación. El suelo duro estaba sucio y probablemente infestado de cucarachas. Esa habitación oscura y sucia era más un calabozo que una celda de la cárcel.

Cuando me vieron, todos se pusieron de pie. La expresión de sus rostros angustiados me atormentaron durante días. Me dijeron que los funcionarios de la embajada de Estados Unidos los habían visitado y les habían dicho que probablemente terminarían en una prisión de alta seguridad durante al menos seis años. En El Salvador, eso sería peor que la cárcel municipal. ¡Es horrendo!

Una prisión en algunos lugares del mundo podría considerarse un centro turístico en comparación con una en El Salvador.

Recuerdo haber ido a ver a un tipo en California que había sido acusado de traficar drogas en su velero. Tenía acceso a todo tipo de actividades recreativas, excelente comida e incluso entretenimiento. No en El Salvador. Nunca querrías estar encerrado allí con criminales peligrosos.

Llamé a Sydney, la madre de Eddy. Ella es la mujer en Estados Unidos que inicialmente me había contactado. Quería informarle sobre lo que había aprendido y de la información que obtuve sobre su hijo. Me aseguró que su hijo siempre hacía lo correcto. Acababa de regresar de servir una misión para La Iglesia de Jesucristo de los Santos de los Últimos Días y era digno de entrar al templo.

A los dieciocho o diecinueve años, algunos jóvenes y señoritas de La Iglesia de Jesucristo de los Santos de los Últimos Días dejan la comodidad de sus hogares, sus familias y sus amigos para servir a Dios por tiempo completo durante dieciocho meses o dos años. Para convertirse en misionero, deben demostrar que su vida refleja un alto estándar de moralidad e integridad y que están dispuestos a dejar todo atrás durante la duración de la misión. Sé que deben demostrar que son honestos en todos sus tratos y que son dignos de tener una recomendación para el templo. Aquellos que sirven tienen mi más profundo respeto.

Aquellos que entran al campo misional a menudo

son atacados verbal e incluso físicamente. Algunos tienen que aprender un nuevo idioma difícil en condiciones de vida extremadamente pecaminosa. Pero van de todos modos porque son discípulos comprometidos de Jesucristo y quieren servirle de la misma manera que lo hicieron los Apóstoles en la Biblia. Su propósito al ir es simplemente acercar a las personas a Cristo. Comparten los mensajes que se encuentran en las escrituras.

He conocido a muchos de estos misioneros personalmente. Algunos han sido miembros de mi propia familia. No estoy insinuando que sean perfectos, pero los considero dignos de confianza. Yo creí que Eddy y sus amigos decían la verdad. No podía imaginar que estos jóvenes permanecieran en la situación precaria en la que se encontraban. Así que, después de dejarlos, hablé con su abogado por teléfono.

Él explicó: «Hubo un malentendido. No estaban fingiendo ser agentes del FBI, y no estaban secuestrando a nadie".

Pero los periódicos informaban lo contrario. Algo aquí no tenía sentido.

…Estuve en la cárcel, y vinisteis a mí.

– MATEO 25:36

7

La historia llega a las noticias

Mis padres llevaban décadas en el negocio de la radiodifusión, así que llamé al director de noticias de nuestra propia estación de radio YSKL. No tuvo que buscar mucho porque la historia estaba en todas las noticias. Estos estadounidenses fueron detenidos en El Salvador por supuestamente cometer crímenes graves. Le dije que después de visitar a los muchachos estadounidenses, me sentí impulsada a creer que estos jóvenes eran inocentes.

Les pregunté si habían recibido alguna ayuda de la embajada.

Eddy me dijo: "No, aparte de un tipo que parecía muy sarcástico; no creyó nuestra historia. No nos ayudaron en nada".

Así que, la embajada de Estados Unidos fue mi siguiente parada.

Sentí que tenía que hablar con el cónsul en persona con la esperanza de que me creyera.

Mientras esperaba para ver al cónsul general, noté una copia del periódico local junto a mi silla. Tenía fotos poco halagadoras de los jóvenes en la portada.

De ninguna manera obtendrán un juicio justo si los periódicos están difundiendo rumores horribles sobre su carácter.

La historia en La Prensa Gráfica decía:

San Salvador, El Salvador—La policía salvadoreña arrestó a tres hombres estadounidenses en el aeropuerto de San Salvador, alegando que los estadounidenses se hicieron pasar por agentes del FBI en un intento de secuestrar a un ciudadano salvadoreño, confirmaron las autoridades salvadoreñas el domingo.

Los tres hombres fueron arrestados el sábado cuando intentaban salir del país con un ciudadano salvadoreño que fue acusado de violar a un menor en Las Vegas y a quien buscaban entregar a las autoridades de Nevada.

La Embajada de Estados Unidos en San Salvador confirmó los arrestos y dijo que los estadounidenses no estaban empleados por el FBI ni por ninguna otra agencia gubernamental, según un comunicado de prensa de la policía federal salvadoreña. Un funcionario de la embajada no proporcionó más información sobre los detenidos.

Otro periódico, Prensa Latina, contenía el titular "Agentes de EE. UU. Violan Soberanía Salvadoreña". La historia que siguió fue alarmante:

San Salvador—Diversas organizaciones salvadoreñas consideraron el martes que el intento de tres agentes estadounidenses de secuestrar a un ciudadano salvadoreño y llevarlo a EE. UU. es una grave violación de la soberanía salvadoreña.

"Esto es una grave ofensa al carácter soberano de la nación salvadoreña", dijo el Sr. Amaya de la Fundación para el Estudio y la Aplicación del Derecho.

La semana pasada, tres agentes estadounidenses fueron arrestados en el aeropuerto internacional de Comalapa, El Salvador, cuando intentaron remover ilegalmente a un ciudadano salvadoreño, quien supuestamente cometió una violación sexual en el estado de Nevada, EE. UU.

Los agentes estadounidenses, considerados cazarrecompensas por la prensa salvadoreña, son empleados de la empresa privada Dirty Deeds Bail Bonds.

Los individuos estadounidenses afirmaron ser miembros del FBI de EE. UU. La Embajada de EE. UU. en El Salvador lo negó.

Una fuente anónima de la Embajada de EE. UU. declaró que los agentes estadounidenses no coordinaron sus acciones con la Embajada.

El diputado salvadoreño Óscar Fernández pidió que el caso fuera investigado a fondo y que se aplicara todo el peso de la ley a los responsables. "No lo hicieron según las reglas y eso es lo que les pasa".

Cuando fui llevada para ver al cónsul general, le compartí mis preocupaciones y mi creencia de que los jóvenes eran inocentes. Él dijo en tono arrogante, "Tenemos las manos atadas. Cometieron crímenes graves, castigados por la ley en este país, y tienen que pagar por ello".

Admito que subí un poco la voz. "¡Pensé que en su país una persona es considerada inocente hasta que se demuestre lo contrario!"

Me sorprendió su frialdad e indiferencia. En ese momento supe que la embajada no sería de ayuda. Salí furiosa del edificio. No iban a cambiar de opinión.

¿No es irónico que a nadie le preocupara el verdadero delincuente que violó a un menor en Las Vegas y se escondía en El Salvador?

Luego fui a hablar con la gente de "La Prensa Gráfica" para presentar una queja formal contra el periódico. Los dueños son amigos de nuestra familia.

Así que, me tomé la libertad de ir directamente a verlos en persona. No podía creer que imprimieran rumores sin fundamento y mentiras descaradas solo para vender ejemplares del periódico.

Toda esa prensa negativa sobre los muchachos estadounidenses no estaba ayudando a los jóvenes. Cuando la gente lee una historia en un periódico de buena reputación, lo toma al pie de la letra, pensando que los reporteros han hecho su trabajo y están diciendo solo la verdad. Pero en este caso, yo sabía más. Sabía que el periódico estaba exagerando. Dado que los sujetos de sus historias eran estadounidenses, el personal sabía que podían llamar la atención al complacer un sesgo antiestadounidense y pintar a los tres jóvenes como criminales.

Le dije al director de noticias lo decepcionada que estaba con lo que estaban haciendo con sus "noticias falsas" y exigí espacio equitativo en el periódico cuando los jóvenes salieran libres por ser inocentes. Él dijo que sinceramente creía que el periódico estaba diciendo la verdad.

Le pregunté: ¿Cómo saben los reporteros qué es verdad?

—Basan sus reportajes en hechos —respondió.

Fue entonces cuando supe que esos jóvenes estaban condenados. Nadie les creía, excepto unas pocas personas buenas como mi hermana, mi tío y mi madre. Aun así, yo estaba comprometida a seguir luchando.

Si siempre eliges hacer lo correcto, no importa cuál sea el resultado. Tienes éxito simplemente porque intentaste dar lo mejor de ti. Eso es lo que importa. Y no hay mejor sensación que saber que hiciste lo correcto. Incluso cuando nadie me creía, sentía que debía decir algo a las personas que estaban aprovechándose de la situación.

E iba guiado por el Espíritu,
sin saber de antemano lo que tendría que hacer.

– 1 NEFI 4: 6

8

¿Que hacer?

Sin saber qué hacer a continuación, consulté con algunos amigos. Les describí lo que había sucedido con los jóvenes y les confié que creía en su inocencia. ¡Nadie me creyó! Cada persona con la que hablé me aconsejó mantenerme al margen del problema y no involucrarme, advirtiéndome que podría terminar en la cárcel como cómplice.

A pesar de ello, sentí la necesidad de hacer algo. Yo creía en los jóvenes, aunque nadie más lo hiciera— excepto mi tío, mi hermana y mi madre. Si no fuera por su apoyo, no habría tenido el valor de continuar. De hecho, cada uno desempeñó un papel importante en lo que sucedió después.

Mi tío Carlos sabía dónde obtener información y

cómo moverse por El Salvador. Fue él quien encontró la cárcel donde estaban detenidos los estadounidenses. Se convirtió en mi conductor y me llevó a donde necesitara ir. Me habría perdido en el país si no fuera por él. Reunía cada historia que salía en el periódico y me las daba para que las leyera.

Mi querida hermana Liz no podía imaginar que esos muchachos fueran criminales. Ella era la que tenía todas las conexiones. Había vivido en El Salvador durante años y se había casado con una familia muy respetada. Ella y su esposo eran personas influyentes y especialmente reconocidas por su integridad. Su postura sobre la inocencia de los estadounidenses ayudó a cambiar la opinión de varias personas importantes.

Y por supuesto, estaba Yaya, mi dulce madre, quien tenía un gran corazón y los recursos necesarios. Cuando llegó el momento de pagar la fianza de los tres jóvenes, ella respondió, sacando treinta mil dólares (30,000) de sus ahorros.

Los cuatro teníamos algunas cosas en común. Para empezar, todos conocíamos la alta ética de los miembros de La Iglesia de Jesucristo de los Santos de los Últimos Días que poseen una recomendación para el templo. Además, todos habíamos viajado al extranjero y sabíamos lo fácil que es infringir una ley que no conoces o no entiendes. Y finalmente, todos éramos padres y podíamos empatizar con la madre de Eddy, pensando en lo triste que sería tener un hijo en la cárcel en un país extranjero, especialmente sabiendo que es inocente.

Mientras consultábamos juntos—y con el Señor— sobre qué hacer, una cosa se volvió clara; tenía que hablar con la persona más importante involucrada en el caso, el juez o jueza.

…todo gobierno necesariamente requiere funcio-
narios y magistrados civiles para poner en vigor
las leyes de ese gobierno; y que se debe buscar y
sostener, por la voz del pueblo…

– DOCTRINA Y CONVENIOS 134:3

9

La Jueza y Yo

Necesitaba decir la verdad—toda la verdad y nada más que la verdad—al juez o la jueza. Llegué temprano por la mañana al juzgado para asegurarme de poder entrar. Estaba cerca del aeropuerto, aproximadamente a una hora de la casa de mis padres, donde me estaba hospedando.

Le mostré a la mujer en la recepción mi credencial de cónsul honoraria y le dije: —¿Podría hablar con el juez, por favor?

La secretaria parecía confundida. Tal vez pensó que yo era alguien importante.

Me dijo que haría los arreglos necesarios. —"Le avisaré tan pronto como la jueza tenga un receso".

Resultó que el juez era una mujer. ¡Qué suerte! Tal vez sentiría compasión por la situación de una madre.

Al entrar a su despacho, recordé los programas de televisión donde la gente dice "Su Señoría", así que eso fue exactamente lo que hice.

Le hablé diciendo:

—"Su Señoría, estoy aquí para hablar sobre los jóvenes estadounidenses. No fui enviada por nadie. Vine por mi cuenta. No soy abogada ni estoy recibiendo pago por esto, pero soy madre, y como madre me dolería ver a mi hijo encarcelado sabiendo que no hizo nada malo intencionalmente. Le aseguro que esos jóvenes son inocentes. Son muy ingenuos y se encuentran en esta situación tan precaria porque no sabían lo que estaban haciendo".

La jueza me miró y me hizo saber con su rostro, como si aprobara lo que decía.

Insistí, —"Ellos necesitan estar bajo arresto domiciliario hasta que se dicte sentencia".

Ella frunció el ceño, —"Pero hacer eso implica el riesgo de que se escapen".

—"No lo harán" —dije con firmeza— "Puede estar completamente tranquila de que cumplirán con todo lo que se les exija hasta el día de la sentencia. Yo me encargaré de ello. Tiene mi palabra".

No sé de dónde saqué el valor para decir lo que dije, pero recordé haber asistido a un seminario donde la instructora dijo, "En ocasiones se te pedirá hacer cosas difíciles, y tu mente te dirá que no puedes porque te sientes inseguro, inadecuado o incapaz, pero debes detener ese pensamiento y empezar a imaginar que estás en un set de película interpretando un papel".

Ella dijo en voz alta, "Todo lo que necesitas hacer es interpretar el papel con confianza y actuar tu parte. En la vida, la confianza es lo único que necesitas fingir".

El receso terminó. La secretaria de la jueza entró para avisarle que debía regresar a la corte, pero sentí que había conectado con ella. Percibí que había tocado su corazón como madre y que probablemente apoyaría mi petición, gracias a mi título de cónsul honoraria de El Salvador en Utah.

Cada carta que recibía como cónsul honoraria tenía la palabra "Honorable" antes de mi nombre. Me encantaba eso. De todos los títulos que he recibido,

"Honorable" es mi favorito.

En la siguiente audiencia, la jueza permitió que los tres jóvenes—Eddy, Richard y Thomas—estuvieran bajo arresto domiciliario.

Extiende su mano al pobre,
y tiende sus manos al menesteroso.

– PROVERBIOS 31:20

10

La Necesidad de Efectivo

El arresto domiciliario es mucho mejor que la cárcel. En una celda, estás encerrado las veinticuatro horas del día, los siete días de la semana, en una pequeña habitación. Para salir, necesitas un juicio que determine si serás liberado.

Con el arresto domiciliario, tienes la libertad de moverte por tu casa como si estuvieras en cuarentena. Por suerte para los jóvenes, encontraron una casa en alquiler al lado del juzgado. Podían quedarse dentro de esa casa mientras el juicio estaba pendiente. Salir de esa cárcel fue una gran mejora en su situación.

Sin embargo, habían algunas condiciones para el arresto domiciliario. Iban a ser vigilados muy cuidadosamente. Cada mañana, todos debían ir al juzgado para firmar, pero aparte de eso, estarían libres de ambular no solo dentro de la casa, sino que también podían salir de ella si no iban más allá de los límites de la pequeña ciudad.

Para disfrutar de ese tipo de libertad, por limitada que fuera, cada uno necesitaba conseguir diez mil dólares (10,000); por tres, el total sería de treinta mil dólares (30,000) para la fianza. La necesidad de efectivo era urgente.

Afortunadamente, mi madre pudo proporcionar los fondos, lo cual fue algo milagroso porque mi madre nunca tuvo esa cantidad de dinero en efectivo. Si por alguna razón llegaba a tener algo a mano, usualmente lo tenía comprometido para pagar una deuda o invertido en algún negocio. Nunca supe que mi madre tuviera tanto dinero ahorrado. Pero por alguna razón, esta vez sí lo tenía. Fui con ella al banco; el dinero estaba en un certificado de depósito y supimos que podía retirar el dinero sin tener que pagar una penalización. La mujer que nos ayudó eximió las tarifas.

Inmediatamente llevamos el cheque al juzgado, ya que la fianza debía pagarse ese mismo día o los detenidos serían enviados a prisión. Cuando entregamos el cheque, imaginen nuestras caras de pánico cuando nos dijeron que había un error. Estaba hecho a nombre de la institución equivocada. Tendríamos que conseguir un cheque nuevo.

Así que corrimos de regreso al banco, llegando cinco minutos antes de que cerraran. La cajera con la que habíamos trabajado antes todavía estaba adentro.

Le explicamos nuestro problema y enfatizamos lo importante que era que se hiciera un nuevo cheque de caja ese mismo día. La tensión era intensa porque cada segundo contaba.

Con un nuevo cheque corregido, salimos corriendo, con la intención de entregarlo antes de que el juzgado cerrara a las 17:00 horas. Nosotras llegamos a las 16:55 horas.

Así que, Por sus frutos los conoceréis.

– 3 NEFI 14:20

11

La Historia que no se Contó

El 31 de octubre, fui al juzgado para pedir permiso para llevar a los muchachos a San Salvador para hacer compras. Le expliqué a la jueza: "No tienen nada en esa casa, y necesitan comprar almohadas, mantas y otras necesidades. Este pequeño pueblo no vende esas cosas".

La jueza estuvo de acuerdo.

Así que, al día siguiente, fui a llevar a los jóvenes a la gran ciudad. Nuestra primera parada fue en un centro comercial para comer en un restaurante. Mientras estábamos a punto de ordenar, todos se levantaron a la vez para usar el baño. Esperé lo que me pareció una eternidad para que regresaran. Tal vez escapar ni siquiera les había pasado por la mente pero empecé a ponerme muy nerviosa. Empecé a preguntarme si había cometido un error al sacarlos.

¿Y si se van?

Yo había dado mi palabra de que eso no sucedería y me imaginé mi foto plasmada en la primera página de los periódicos siendo detenida. Cerré los ojos para orar, y luego, al abrirlos, vi a los jóvenes sentarse a nuestra mesa. Me sentí mal por haber pensado que no volverían.

Al día siguiente, 2 de noviembre, era un día festivo conocido como Día de los Muertos. Era un día en que el juzgado estaba cerrado. Para Eddy, Richard y Thomas, significaba que no tenían que firmar. Tuve la brillante idea de llevarlos a la casa de playa de mi familia.

Mi tío nos llevó allí, y por un solo día, esos muchachos jugaron como niños pequeños. Actuaron como si nada anormal estuviera pasando. Al encontrarse en un lugar diferente, rodeados de personas que se preocupaban por ellos por consiguiente, parecían relajados y verdaderamente despreocupados a pesar de sus circunstancias.

Al día siguiente, cuando los llevamos de regreso a su casa, la policía nos detuvo. Sabía que probablemente estábamos excediendo el límite de velocidad. Estaba super nerviosa porque no había pedido permiso para sacar a los muchachos de la ciudad durante la noche. Se suponía que debían regresar a su casa cada día, y nunca se les permitía salir de la ciudad. Pero la policía ni siquiera nos preguntó por los estadounidenses sentados en el asiento trasero del auto. El oficial solo nos pidió que redujéramos la velocidad.

¡Uf!

Cuando finalmente regresamos a los jóvenes a su casa, sentí una sensación de alivio.

Mirando hacia atrás, ahora me doy cuenta de lo arriesgado que fue para mí sacarlos del pueblo donde estaban. También yo podría haber terminado en la cárcel y poner en peligro su caso. Mi razón para llevarlos a la casa de la playa fue porque sabía que eran inocentes. Sentí que necesitaban un descanso. En retrospectiva, si tuviera que hacerlo de nuevo, no lo habría hecho.

Era hora de regresar a mi casa en Utah. Ya había hecho todo lo que podía por ellos, así que dejé a mi madre y a mi hermana a cargo. Todos los días durante los siguientes dos meses, una de ellas me llamaría para informarme de cualquier noticia.

Cada día, los jóvenes tenían que ir al juzgado para registrarse. Tenían que soportar una audiencia tras otra, sin saber nunca cuál sería su destino.

Mientras esperaban una decisión, dedicaron algo de tiempo a hacer servicio comunitario. Visitaron algunas escuelas y enseñaron inglés a los estudiantes; también les entrenaron en cómo jugar baloncesto. Muchas de las chicas del colegio estaban enamoradas de ellos. Se ganaron una buena reputación, y la gente del pueblo empezó a verlos como "chicos buenos". Por supuesto, eso les ayudó mucho en su caso.

Y conoceréis la verdad,
y la verdad os hará libres.

– JUAN 8: 32

12

Encontrando mi libertad

Cuando regresé a mi casa, descubrí un secreto. Durante el tiempo que estuve fuera, me había olvidado de mi divorcio pendiente. Estaba demasiado ocupada preparando el Día de Acción de Gracias como para pensar mucho en mi esposo ausente.

Un día, mientras reflexionaba sobre aquello por lo que estaba agradecida, de repente me pude dar cuenta que era libre. A diferencia de esos jóvenes en El Salvador, yo podía entrar y salir, hacer lo que quisiera. Recordé cuán valiosa era mi libertad.

Es cierto que estaba atravesando un momento difícil en mi vida, pero al menos era libre. Podía tomar decisiones y hacer lo que me agradara, no lo que agradara a otra persona. Me gustaba la idea de ser independiente. Mi participación en ese caso me había curado de sentir lástima por mí misma y me enseñó a aceptar las cosas tal como eran. La frase *"Las cosas malas les ocurren a las personas buenas"*, vino a mi mente. Yo no era la excepción.

Para el Día de Acción de Gracias, la noticia de mi divorcio ya se había difundido ampliamente. Mis amigos y familiares estaban impactados. No podían creer que Bruno—sabio, confiable, trabajador, honesto, profundamente religioso Bruno—hubiera cambiado tan drásticamente y estuviera decidido a terminar nuestro matrimonio.

Una vecina me preguntó: ¿Se ha hecho Bruno algún chequeo médico últimamente?

—¿Crees que podría tener un tumor cerebral? Mi madre pensó que era una posibilidad.

—¿Hay algo que pudiste haber hecho? —Se atrevió a preguntarme una amiga.

Le aseguré, "Di todo lo que tenía para dar, pero no fue suficiente".

Había dedicado tanto tiempo y energía a tratar de liberar a esos jóvenes en El Salvador que había dejado completamente de lado mi divorcio pendiente. Ahora era momento de volver a la realidad.

¡Mi realidad!

Bruno había cambiado tanto que ya no sabía quién era. Esperaba un milagro, que volviera a ser el de antes.

Esperé y esperé...

El matrimonio... no hay nada igual. Es el mejor de los tiempos, el más desafiante, el más divertido, el más difícil, y la mejor cosa que harás en esta vida si eliges a un compañero comprometido a permanecer en el matrimonio. Tu mejor elección será alguien devoto a mantenerse en el camino recto y estrecho que lleva a la eternidad contigo, y que en los momentos en que alguno de los dos se desvíe, llame la atención del otro rápidamente para asegurarse de que ambos permanezcan en un camino que puedan seguir caminando juntos para siempre.

En mis días de soltera, cuando salía con alguien, tenía la impresión de que era importante casarse con alguien compatible en tantas áreas de la vida como fuera posible. Alguien con el mismo trasfondo religioso, educativo y socioeconómico. Cuantas más similitudes, mejores las probabilidades. Sin embargo, lo que descubrí es que, aunque esas cosas son importantes, no garantizan un matrimonio feliz. Muchas personas no religiosas y otras con diferentes niveles educativos o socioeconómicos tienen matrimonios maravillosos. Lo que realmente importa al final del día, es casarse con alguien con integridad y compromiso con el matrimonio. ¡Así de simple!

La caridad es sufrida, es benigna;
la caridad no tiene envidia, la caridad no se jacta,
no se envanece; no se comporta indebidamente,
no busca lo suyo, no se irrita, no piensa el mal.

— 1 CORINTIOS 13: 4-5

13

El Amor es Paciente

Deseaba con todas mis fuerzas evitar que la tensión entre Bruno y yo empañara los buenos recuerdos de la infancia de Mindy, pero ya era demasiado tarde. El divorcio avanzaba lentamente hacia lo inevitable. Poco a poco me di cuenta de que, día tras día—y siendo honesta, desde hacía años—Bruno y yo nos habíamos convertido más en compañeros de cuarto que en una pareja casada.

Recordé una noche, meses atrás, cuando me desperté con un dolor tan intenso que pensé que iba a morir. Bruno seguía dormido, así que, para no despertarlo, me levanté y conduje sola hasta la sala de emergencias en plena madrugada. Lo siguiente que supe fue que los médicos me dijeron que tenían que quitarme la vesícula. Mientras esperaba en el quirófano, empecé a llorar.

¡No hay nada más solitario que esto!

Justo antes de que me quitaran la vesícula, estaba en negación, luchando con todas mis fuerzas por salvar mi matrimonio. Bruno aún no había expresado su decisión de mudarse, por consideración a nuestra hija quien estaba planeando su boda. Al mismo tiempo, yo intentaba mantener las cosas como eran antes de que Bruno cambiara, con la esperanza de que reconsiderara. Luché durante meses por mantener las apariencias.

—Verónica —me decía— por favor deja de sabotear el divorcio. ¿No lo entiendes? La locura es hacer lo mismo una y otra vez esperando un resultado diferente.

Pero yo me negaba a rendirme.

Más tarde, ese abril, estaba revisando el correo cuando encontré una carta de un banco. Al principio pensé que era publicidad, porque era de un banco que no reconocía. Pero antes de tirarla, decidí abrirla.

La carta mostraba que una cantidad considerable de dinero había sido transferida desde una cuenta bancaria a nombre de Bruno a una mujer. Yo no sabía que esa cuenta existía.

Me sentí enferma. Estaba temblando y mi cabeza daba vueltas.

Una gran cantidad de dinero había sido transferida a una mujer que no conocía.

¿Podría Bruno ser víctima de una estafa?

Lo llamé inmediatamente. "Bruno, ¿puedes decirme quién es esta mujer a la que le estás enviando todo este dinero?"

"¿Me estás investigando? ¿Contrataste un detective privado o algo así?"

"No, Bruno. Acabo de leer una carta del banco".

Hubo una larga pausa.

Me dijo que vendría a casa para explicármelo todo.

En ese momento, todavía quería confiar en Bruno, no quería pensar lo peor. Asumí que tenía una buena explicación para la transferencia del dinero.

Cuando llegó a casa, nos sentamos en la mesa del comedor.

Él dijo: "El dinero fue enviado para ayudar a la madre de esta mujer a operarse porque son muy pobres y necesitan el dinero".

Más tarde descubrí la verdad. El dinero lo usó la mujer para sus implantes de seno.

Sintiendo la necesidad de interactuar con otras personas y nuevas ideas, decidí volver a la escuela. ¿Y cuál fue la primera clase en la que me inscribí? ¡Matrimonio eterno, por supuesto! Me obsesioné con leer cualquier cosa que pudiera ayudar a salvar mi matrimonio.

Crecí escuchando la frase popularizada por el antiguo presidente de La Iglesia de Jesucristo de los Santos de los Últimos Días, David O. McKay: "Ningún éxito en la vida puede compensar el fracaso en el hogar".

Me negué a convertirme en un fracaso. Así que me aferré a cualquier cosa que pudiera evitar que mi matrimonio terminara.

Todos los días leía o escuchaba citas maravillosas y positivas sobre el matrimonio, era como echar sal a mis heridas.

Todo lo que escuchaba en esa clase me partía el alma. Mi matrimonio con Bruno había llegado al punto en que los atributos de amor, fe, arrepentimiento, respeto y lealtad ya no estaban presentes.

Fue entonces cuando finalmente admití que el amor de Bruno hacia mí había muerto. Esto significaba que nuestro matrimonio no era eterno. El compromiso ya no existía. Él no quería envejecer conmigo. Su amor estaba condicionado a que yo siguiera pareciendo joven, delgada y hermosa, lo cual es completamente opuesto a lo que es el amor verdadero y eterno. Fue entonces cuando supe que necesitaba encontrar a alguien que me amara por quien era hoy y por quien sería mañana y décadas después de mañana, no por quien había sido a los veintiún años.

Para ese momento, tenía una mejor comprensión de quién era yo y lo que tenía para ofrecer a un compañero.

La incertidumbre de esperar lo que les sucedería a esos muchachos en El Salvador se extendió por más de dos meses.

La agonía que sentí por mi matrimonio duraría más tiempo después de que el juez firmara el decreto de divorcio porque, y puede parecer ridículo, todavía esperaba un milagro de que Bruno regresara a mí.

Nunca lo hizo.

Pero el ángel les dijo: No temáis; porque he aquí,
os doy nuevas de gran gozo, que serán para todo el
pueblo: que os ha nacido hoy, en la ciudad de David,
un Salvador, que es CRISTO el Señor.

– LUCAS 2:10–11

14

Mi Deseo de Navidad

El 22 de diciembre de 2005, dos días antes de la Navidad, recibí una llamada de mi madre. Estaba extremadamente emocionada. "¡Los cargos fueron retirados! ¡Los muchachos están libres!"

¡Qué gran alivio fue ese! La justicia había sido servida, y los presuntos "cazarrecompensas" finalmente estaban libres para ir a casa.

No logré este pequeño milagro yo sola. Sí, usar mi sombrero de cónsul honoraria al hablar cara a cara con la jueza tuvo un gran impacto, pero si no hubiera sido por los esfuerzos de mi tío, mi hermana y mi madre, el resultado habría sido muy diferente. También creo que una de las razones por las que los jóvenes fueron liberados fue porque muchas personas estaban orando por ellos.

Para los jóvenes y sus familias, su deseo de Navidad se había hecho realidad. Eddy, Richard y Thomas estarían en casa antes de la Navidad. Qué dulce reencuentro debió haber sido.

Admiraba cómo la familia de Eddy había decidido dejar ir su ira y, en su lugar, dieron la bienvenida a la paz. Ni una sola vez los escuché quejarse de que su hijo estuviera detenido en la cárcel.

Entonces, ¿por qué no podía yo hacer lo mismo? Decidí encontrar una manera de dejar ir mi amargura y mi ira también. Quería encontrar la misma paz interior que ellos tenían.

Mi lucha por liberar a esos jóvenes me había liberado a mí también. Cuando regresé de El Salvador, supe que era una persona de valor. Había hecho algo que muy pocas personas pueden decir haber hecho. Había influido en una jueza para que ablandara su corazón y, al hacerlo, logré sacar a tres inocentes hombres de la cárcel. Había visto la mano del Señor guiándome, y supe que mis oraciones habían sido respondidas.

Un milagro había tenido lugar porque algunos ángeles ministrantes mortales habían creído en mí.

No obstante, yo había pedido un deseo de Navidad

propio: Mi Deseo de Navidad era por nuestro matrimonio. Al principio pensé que Dios había ignorado mi deseo porque no se hizo realidad. Mi esposo no regresó para la Navidad a pesar de que yo había puesto su nombre en la lista de oración cada vez que asistía a los templos de La Iglesia de Jesucristo de los Santos de los Últimos Días.

Y sin embargo, al recordar esa Navidad, reconozco que mi deseo —al menos la parte más importante de él— fue concedido después de todo. A pesar que esta sería la primera Navidad en más de veinte años en la que Bruno no sería parte de la celebración familiar, ¡y me sentía terriblemente sola!

Mi familia parecía notar mi angustia y se unieron a mi alrededor. Mi madre, mis hijas, mis hermanas y sus familias, todos vinieron al clima frio de Salt Lake City para pasar las fiestas conmigo. La calidez que trajeron llenó mi corazón, y por un tiempo mi soledad se desvaneció.

No lo sabía entonces, pero esa fue una Navidad muy especial para nuestra familia. Desde entonces, no hemos tenido una reunión familiar de Navidad en la que todos nos hubiéramos reunido.

PARTE DOS

Las Lecciones
Aprendidas

*Estas cosas os he hablado para que mi gozo
esté en vosotros, y vuestro gozo sea completo.*

– JUAN 15:11

15

La Vida Está Diseñada Para Tener Gozo

Los jóvenes en la cárcel encontraron la manera de experimentar gozo. Salían de su casa todos los días para ayudar a la comunidad. Incluso había rumores de que uno de ellos encontró una novia. La gente del pueblo los conocía lo suficientemente bien como para confiar en ellos. Aunque sus vidas estuvieron en suspenso esos pocos meses, hicieron lo mejor que pudieron con lo que tenían.

Para mí, la forma en que encontré paz interior y gozo fue enfocarme en cosas distintas a mi divorcio pendiente. Aprendí a vivir sin Bruno. Regresé a la escuela para terminar mi carrera en la Universidad de Brigham Young. Encontré muchas oportunidades para ayudar a otros, y encontré felicidad al hacer las cosas que amo. Ese tiempo en mi vida cuando sentí que estaba en el limbo me dio la oportunidad de aprender cosas nuevas, de viajar y de servir a otros.

Dicen que cuando llueve, diluvia, y para mí esto resultó ser cierto. También perdí a mi padre durante el mismo tiempo. Pero su fallecimiento resultó ser una tierna misericordia porque el dinero de su herencia me permitió sobrevivir esos largos años mientras el divorcio aún estaba en el aire.

En retrospectiva, no entiendo por qué prolongué la agonía durante tanto tiempo, aparte de que estaba esperando un milagro. En mi fe, tenemos la oportunidad de recibir bendiciones del sacerdocio para ayudar con la sanación y otras situaciones en nuestras vidas.

Me habían dado una bendición que decía que mi vida volvería a ser maravillosa y todo sería restaurado. Por eso, sinceramente pensé que Bruno volvería un día llegar a ser como era antes. Sentí que esperarlo era lo que mi madre llama "tu cruz".

En un momento u otro, todos llevamos una carga o enfrentamos una prueba que desafía nuestra fuerza y resistencia. Puede ser una enfermedad o una pérdida de algún tipo.

Al aceptar mi realidad, descubrí el secreto del gozo. Nuestro actual profeta de La Iglesia de Jesucristo de los Santos de los Últimos Días, Presidente Russell M. Nelson, explica:

"La vida está llena de desvíos y callejones sin salida, pruebas y dificultades de toda índole. Probablemente cada uno de nosotros ha tenido momentos en los que la afliccion, la angustia y desaliento, casi nos han consumido. ¿Y aun así estamos aquí para tener gozo?

¡Sí, la respuesta es un sí rotundo!

…El gozo que sentimos tiene poco que ver con las circunstancias de nuestra vida y tiene todo que ver con el enfoque de nuestra vida.

Cuando el enfoque de nuestra vida está en… Jesucristo y Su evangelio, podemos sentir gozo independientemente de lo que esté sucediendo –o no sucediendo– en nuestra vida".

Esforzaos y cobrad ánimo, no temáis ni tengáis miedo de ellos, porque Jehová tu Dios es el que va contigo; no te dejará ni te desamparará.

– DEUTERONOMIO 31:6

16

Nunca Estás Solo

Incluso en mis momentos más oscuros, nunca estuve sola, y tampoco lo estuvieron los tres muchachos. Tuvieron a sus familias y también a mí y a mi familia orando por ellos. Por suerte, creímos en ellos y nos involucramos.

A veces me he preguntado si no hubiera estado en medio de un divorcio y estuviera experimentando una vida aparentemente feliz, si me habría importado tanto. Una cosa es tener empatía; otra es hacer algo al respecto.

Esta vez actué, e hice todo lo que pude por ellos.

Al recordar esos días difíciles, me viene a la mente lo que dijo el antiguo presidente de La Iglesia de Jesucristo de los Santos de los Últimos Días, Thomas S.

Monson: "Él [Dios] no siempre quitará vuestras aflicciones, pero os consolará y guiará con amor a través de cualquier tormenta que afrontéis".

Mi tormenta personal se sintió a veces más como un huracán. Pero ahora, al mirar hacia atrás, encuentro que mucho bien surgió de que lo pensé, en ese momento, era algo trágico.

Cuando cumplí cincuenta años, recibí esta nota de mi amiga Jan:

Estoy segura de que nunca imaginaste todos los giros y vueltas que tu vida tomaría para tu quincuagésimo cumpleaños! Ciertamente, nunca sabemos lo que la vida nos deparará. Pero debo decir que tu mejor regalo de cumpleaños debe ser las tres maravillosas jóvenes en las que se han convertido tus hermosas hijas. Las admiro a todas, pero ha sido un privilegio especial conocer a Mindy como su líder de mujeres jóvenes. Es una joven excepcional, y creo que es un testimonio para ti como madre que esta dulce joven ha superado todos los cambios en su vida con una actitud tan madura y la disposición a abrazar nuevas experiencias en su vida. Ciertamente la extrañaremos

en las mujeres jóvenes. Espero que tu quincua-
gésimo año sea un comienzo maravilloso para la
aventura de tu nueva vida.

¡Ella tenía toda la razón! ¡Mis hijas son todas super geniales! Y tuve a tantas mujeres a mi alrededor que sirvieron como madres sustitutas para mis hijas, y siempre les estaré agradecida a todas ellas.

Pensando en todos aquellos que han marcado una diferencia en mi vida, recordé esta cita:

"Algunas personas mueven nuestras almas
a bailar. Nos despiertan a una nueva com-
prensión con el suave susurro de su sabiduría.
Algunas personas hacen que el cielo sea más
hermoso de contemplar. Permanecen en nuestras
vidas por un tiempo, dejan huellas en nuestros
corazones, y nunca, nunca somos los mismos".
— FLAVIA WEEDN

El corazón del hombre propone su camino,
pero Jehová dirige sus pasos.

– PROVERBIOS 16:9

17

Nada Sucede por Casualidad

A lo largo de los años, he aprendido tanto observando a otras personas como en mi propia vida. Una cosa es que nada sucede por casualidad.

No hay coincidencias.

La madre de Eddy me encontró a través de un amigo en común. No fue solamente algo de pura suerte que yo tuviera el apoyo de tres miembros de mi familia, así como los medios para viajar a El Salvador.

No fue un accidente que tuviera una credencial de cónsul honoraria que me permitía ver a la jueza, y no fue simplemente una casualidad que me encontrara en posición de ayudar.

Cada día se nos dan oportunidades para marcar la diferencia. A menudo, esas oportunidades vienen por medio de impulsos espirituales. Podemos elegir actuar según esos avisos o no. Se necesita valor para actuar según ellos, y se necesita humildad para aceptar la ayuda que alguien más ha sido motivado a extendernos.

Un día, cuando sepamos que no nos queda mucho tiempo en esta tierra, miraremos hacia atrás sobre lo ocurrido en nuestras vidas. Sería triste descubrir que desearíamos haber sido más felices, o más agradecidos, o más dispuestos a sonreír y ser amables con los demás. Probablemente desearemos haber amado más y habernos quejado menos. Podríamos desear habernos permitido reír a carcajadas más a menudo.

Ahora puedo reflexionar sobre el beneficio de haber tenido momentos difíciles. Me han enseñado lecciones que ahora puedo compartir con otros para, con suerte, ayudarles a evitar esos mismos escollos.

Para cualquiera que esté contemplando el divorcio, si tuvieron hijos, todavía habrán graduaciones, bodas, nacimientos de nietos, etc., en los que ambos estarán involucrados.

¡Nunca te divorcias de tus hijos! Te daré mi opinión: No lo hagas. A menos que estés experimentando un abuso brutal, y si ese es el caso, entonces vete de inmediato.

Aprendí que la única manera de sobrellevar los momentos difíciles era olvidarme de mí misma y ayudar a los demás. Llegué a saber que tenía valor como persona y como mujer, y que algún día alguien me apreciaría por quien era.

Después de un tiempo, ese día finalmente llegó. El hombre con el que estoy casada actualmente es verdaderamente extraordinario. No es perfecto, nadie lo es; pero es un verdadero caballero. Es honesto, fiel, un padre y abuelo increíble. Es un hombre asombroso, único en un millón, verdaderamente uno de los mejores que jamás haya caminado sobre esta tierra. Eso no es un cliché; es la pura verdad. No creo que conocerlo haya sido una casualidad tampoco. Estaba destinado a ser.

Mi mayor preocupación en el momento en que me volví a casar fue mi hija menor, Mindy. ¿Cómo la afectaría a ella mi nuevo matrimonio? Pero con mucha oración y el consejo de mis seres queridos, aprendí que cuando encuentras a la persona adecuada, ¿por qué retrasar ser feliz? Casarme con un hombre maravilloso que tiene integridad y cumple sus promesas era exactamente lo que necesitaba. Y Mindy estaba casi tan feliz y emocionada por ello como yo.

La paz os dejo, mi paz os doy;
y o no os la doy como el mundo la da.
No se turbe vuestro corazón ni tenga miedo.

JUAN 14:27

18

Cómo Obtener Paz

Así fue como sucedió. Me pidieron que hablara en la iglesia sobre el perdón en relación con la Navidad. Mientras investigaba el tema, encontré este consejo del antiguo presidente de La Iglesia de Jesucristo de los Santos de los Últimos Días, Howard W. Hunter:

> *"Esta Navidad, resuelvan una discrepancia.. Busquen a un amigo olvidado. Desechen una sospecha y reemplácenla con la confianza... Guarden una promesa. Olviden una ofensa. Perdonen a un enemigo. Pidan disculpas. Traten de comprender... Piensen primero en alguien más. Sean bondadosos, amables... Expresen gratitud".*

Antes de hacer la llamada, todavía me sentía terriblemente herida e incapaz de soltar esos sentimientos. Estaba en uno de los puntos más bajos de mi vida. Casi podía saborear la oscuridad, la amargura y la ira consumiendo mi mente y mi alma, hasta el punto de casi volverme loca. Sí, no hay duda de que me volví un poco loca. En ese momento, estaba tan enfocada en mí como víctima y en cómo me habían agraviado que no me podía conectar plenamente con la realidad. Todo lo que quería era ver a la otra persona pagar las consecuencias por haberme herido a mí y a mi familia. Quería que la otra persona se sintiera tan herida como yo, como si eso rectificara el daño que se me había hecho.

Pero la vida —al menos una vida alegre y productiva— no funciona así. Cuando estamos en ese estado, obsesionados con nosotros mismos y revolcándonos en la autocompasión, nos perdemos todas las cosas buenas y maravillosas que suceden a nuestro alrededor. Es humano enfocarse en nuestras heridas, pero confía en mí y en esto que voy a decir porque lo he vivido. Cuando te quedas tan atrapado en esa mentalidad que prácticamente ignoras a todos y todo lo demás, irónicamente estás olvidando a la persona más importante: ¡TÚ!

Las palabras del presidente Hunter me dieron la fuerza que necesitaba para decirle a mi exmarido que lo perdonaba. Así que, llamé a Bruno, diciendo:

"A pesar de lo ocurrido, no te culpo de nada. No tengo resentimientos. Sinceramente, te deseo una feliz Navidad y espero lo mejor para ti. Dios te bendiga".

Siempre recordaré ese momento. Por primera vez en mucho tiempo, sentí paz. ¡Estaba curada! Había aprendido que si estás dispuesto a perdonar, el Salvador te concederá paz interior, y a través de la sanación que acompaña a esa paz, puedes seguir adelante.

¡Mi deseo de Navidad se había hecho realidad!

Él dijo: "Lamento todo el dolor que te causé. Espero que me perdones".

Esa fue la primera vez que lo escuché decir: "Lo siento". Hubiera estado bien si no hubiera dicho nada, pero su petición de perdón fue algo extra que no me lo esperaba.

Quítense de vosotros toda amargura, y enojo, e ira,
y gritos, y maledicencia y toda malicia. Más bien,
sed benignos los unos con los otros, misericordio-
sos, perdonándoos los unos a los otros, como también
Dios os perdonó a vosotros en Cristo.

– EFESIOS 4:31–32

19

Suéltalo

Este capítulo continúa el tema introducido en el anterior, ya que se relaciona con la importancia del perdón como una forma de soltar el dolor. Perdonar y buscar el perdón son tan fundamentalmente importantes que quiero enfatizarlos.

Necesitas mantener tu cordura. Sin duda has escuchado la ingeniosa frase: "Negarse a perdonar es como tomar veneno y esperar que la otra persona muera". La verdad es que los humanos somos imperfectos. Las personas cometerán errores y te decepcionarán. Las personas te harán daño. Todos hemos sido traicionados en algún momento u otro —algunos de manera importante, otros de maneras menores. Las heridas más dolorosas provienen de aquellos a quienes amamos. Pero también nosotros hemos decepcionado y herido a otras personas, especialmente a aquellos que nos importan. Es parte de ser humano.

Entonces, ¿qué hacemos cuando alguien nos hiere? Podríamos aferrarnos al dolor y volvernos resentidos y amargados. O podríamos perdonar y seguir adelante. Depende de nosotros. Pero por mi propia experiencia, es mejor hacer lo último. El odio siempre falla, y la amargura siempre destruye. "Recuerda, el cielo está lleno de aquellos que tienen esto en común. Son perdonados. Y perdonan". Élder Dieter F. Uchtdorf

Me volví más feliz y fuerte tan pronto como pude soltar y perdonar. También sentí paz, y tener eso dentro de uno mismo es una enorme bendición. El mundo puede estar lleno de problemas y miedos, pero hay un centro de paz en mi alma que el mundo no puede tocar. Sé dónde quiero vivir por toda la eternidad y con quién. Por lo tanto, necesito tener la firme convicción de que nada, incluyendo las experiencias dolorosas, me detendrá.

Si alguna vez pediste un deseo de Navidad y pensaste que no se hizo realidad, piénsalo de nuevo. Probablemente sí se hizo. El Señor sabe lo que es mejor para ti, así como Él sabía lo que era mejor para mí. Él sabía que en unos pocos años, si yo tenía esperanza y fe, me casaría con un hombre excepcionalmente maravilloso que me aprecia y me trata como a su reina. Enfrentamos la feliz perspectiva de pasar el resto de todas nuestras Navidades juntos.

Mi deseo para ti es que te enfoques en algo más allá de tus cargas y pongas tu confianza en el tiempo del Señor. Dejar ir los rencores pasados hará que eso sea posible.

Porque de tal manera amó Dios al mundo que ha dado a su Hijo unigénito, para que todo aquel que en él cree no se pierda, mas tenga vida eterna.

—JUAN 3:16

20

Cómo una Celda Salvó la Navidad

Entonces, ¿cómo salvó una celda mi Navidad? Probablemente ya lo has descubierto. Fue cuando me olvidé de mí misma y empecé a preocuparme por esos tres jóvenes encarcelados en El Salvador.

Por primera vez, mi celebración de la temporada tuvo un significado real. Toda la ira y la tristeza que sentía por haber sido traicionada se disolvieron cuando dirigí mis pensamientos hacia afuera, a las necesidades de los demás. Como resultado, pude disfrutar la Navidad de una manera que nunca antes había experimentado.

Una ventaja adicional fue descubrir que hay vida después del divorcio. Con el tiempo, finalmente sané. De hecho, me convertí en una mejor persona al lidiar con un corazón roto. Pasé por un fuego de refinamiento y descubrí el poder en la expiación de Jesucristo. Antes de esta prueba, nunca le di mucha importancia a lo que significaba el sacrificio expiatorio de Cristo en mi vida. Pero mi angustia me obligó a confiar en Él, a buscar sanación y a obtener el poder de volver a tener esperanza. Su regalo para mí fue una renovación de vida.

Y este es Su regalo perfecto para todos. Estoy segura de que Eddy, Richard y Thomas sintieron esa renovación. Su encarcelamiento no los definió. No importaba lo que la gente dijera sobre los "cazarrecompensas," ellos sabían en su interior quiénes eran. Tenían la seguridad del Salvador de que eran inocentes, y eso les dio paz.

Entonces, esta es la respuesta para todos los que buscan salvar la Navidad para sí mismos. Todo lo que necesitan hacer es encontrar a otros necesitados y ayudarlos. Hacerlo honra a Jesús y sirve como la forma perfecta de agradecer Su regalo perfecto de vida eterna. Este es el regalo que solo Él puede dar, y es la razón por la que celebramos la Navidad.

Durante más de seis décadas de mi vida, he llegado

a ver la Navidad con nuevos ojos. Soy lo suficientemente mayor como para recordar muchas Navidades. Todas han sido gloriosas. Pero he aprendido que no son los regalos los que las hacen grandiosas. He aprendido que la Navidad, en su mejor expresión, es una celebración del evangelio de Jesucristo, que puede traernos gozo y paz en cada situación. Al seguir el ejemplo de Jesús y hacer lo que Él nos ha enseñado a hacer, amar a nuestro prójimo, somos bendecidos con la influencia del Espíritu Santo. Luego, en tiempos de problemas o miedo, el Espíritu estará con nosotros, llenando nuestros corazones de paz.

El élder D. Todd Christofferson explicó:

"La gente quiere saber si puede tener esperanza. Les digo a todos, la respuesta es sí. Con fe en el misericordioso Redentor y Su poder, la posible desesperación se convierte en esperanza... Mi esperanza es que cuando la marea de la decepción y la desgracia se dirija hacia nosotros — y de vez en cuando seguramente lo hará— recordemos que cuando miramos al Señor con fe, Él nos guiará a través de las dificultades de la vida, sean cuales sean".

Te dejaré con un consejo final. Hacer estas tres cosas ha traído la mayor paz a mi vida. Creo que harán lo mismo por ti. Nunca en mi vida he sentido tan fuertemente la responsabilidad de compartir estas ideas.

Orar

Piensa en el Padre Celestial diariamente. Comienza tu día de rodillas en oración sincera, agradeciéndole por un nuevo día y pidiendo Su ayuda en todo lo que necesites lograr. Él te consolará y te sostendrá. Te ayudará a hacer más y ser más de lo que jamás podrías hacer o llegar a ser por tu cuenta. Al final de tu día, antes de acostarte, agradecele las bendiciones que te concedió ese día. Tener un corazón agradecido, sin importar las circunstancias, te ayudará a sentir paz. Normalmente escribo en mi diario las cosas por las que estoy agradecida cada día.

Lee las Escrituras y Mensajes Inspirados

Los mensajes divinos que se encuentran en las escrituras están ahí para que los contemplemos y apliquemos. Leer las escrituras diariamente es una de las mayores fuentes de fortaleza en mi vida.

Otra fuente de inspiración es meditar en los discursos de la Conferencia General de La Iglesia de Jesucristo de los Santos de los Últimos Días. Estos se transmiten para todo el mundo el primer fin de semana de abril y octubre. La Conferencia General incluye diez horas de mensajes inspiradores, edificantes de oradores increibles que cambian vidas. Los discursos se dan sobre una gran variedad de temas por hombres y mujeres que han sido ungidos y llamados a servir a Jesucristo. Los temas pueden incluir la fe, la esperanza, la felicidad, la caridad, el matrimonio, las relaciones familiares, la preparación para emergencias, la toma de decisiones sabias, la naturaleza divina, la superación personal y el manejo de las adversidades, entre otros.

¡Nunca me pierdo la Conferencia General! Siempre escucho los discursos mientras se dan en vivo y luego vuelvo a leerlos y volver a escucharlos cuando necesito dirección o consuelo sobre uno de los temas abordados. Los discursos dados en conferencias pasadas me han ayudado a superar todos mis momentos difíciles y me han dado esperanza. Me han inspirado a trabajar continuamente para ser una mejor persona. Me han ayudado a tomar mejores decisiones. Han iluminado mi camino cuando el futuro era oscuro e incierto. Sobre todo, me han dado una tremenda fuerza y paz.

Celebra la Navidad de una Manera Significativa

Aprendí este secreto de mi madre. Cada diciembre trabajaba duro preparando canastas de alimentos para regalar. En El Salvador, no tienes que buscar mucho para encontrar personas que sufren de hambre.

No necesariamente quiero decir que hagas lo mismo. Solo asegúrate de que cada Navidad lo que haces, refleje el amor que tienes para el Señor. Tal vez eso signifique simplemente hacer un esfuerzo especial para contar tus bendiciones.

Me encanta esta cita:

"Nuestra celebración de la Navidad debe ser un reflejo del amor y la abnegación enseñados por el Salvador. Dar, no recibir, hace florecer plenamente el espíritu navideño. Nos sentimos más amables unos con otros. Extendemos amor para ayudar a los menos afortunados. Nuestros corazones se ablandan. Los enemigos son perdonados, los amigos recordados y Dios obedecido. El espíritu navideño ilumina la ventana del alma,

y miramos la ajetreada vida del mundo y nos interesamos más en las personas que en las cosas".
— PRESIDENTE THOMAS S. MONSON

En resumen, hacer esas cosas sencillas es cómo celebro la Navidad todos los días del año. Piensa en todo lo que el Salvador ha hecho por ti durante el último año, y luego haz algo especial por otra persona en recuerdo de Sus dones para ti. El gran don de Su expiación funcionará en cada aspecto de tu vida de la misma manera que ha funcionado en la mía si solo lo dejas entrar en tu corazón. Él ya te ha dado Su regalo de Navidad, un regalo perfecto en todos los sentidos. Ahora depende de ti recibirlo, y cuando lo hagas, ¡tu vida nunca será la misma!

FIN

Epílogo

$\mathcal{M}$e llevó veinte años de experiencias difíciles escribir este libro. Espero que, después de haberlo leído, me consideres tu amiga, alguien en quien puedes confiar. Al menos, confía en las lecciones de vida que he compartido. Son parte de un legado importante que quiero dejar cuando mi vida termine. Quiero ser recordada como alguien que hizo todo lo posible por hacer el bien en el mundo. Eso es importante para mí.

No sé qué me pasa, pero ya no me importa el dinero, el prestigio o las posesiones como cuando era más joven. Como dice el refrán, "Estoy más cerca del arpa celestial que de la guitarra".

Lo que me importa hoy es ayudar a los demás. Sí, me importa. ¡Me importas tú! Espero haber podido mostrarte cómo encontré paz y alegría en uno de los momentos más oscuros de mi vida, un momento en el que me sentía asustada, triste, sola y enojada. Quería dar esperanza a personas como yo, y posiblemente a ti. Quería que otros aprendieran a sintonizarse con el Espíritu y a aceptar la ayuda de los **ángeles ministrantes,** quienes nos proveen increíbles tiernas misericordias si les permitimos.

Si tu vida es fabulosa y va como quieres, ¡felicitaciones! Sin embargo, prepárate, a todos en algún momento de nuestras vidas nos rompen el corazón. Si en este momento estás experimentando un corazón roto, espero que hayas aprendido de mi experiencia que, si quieres sanar, necesitas enfocarte en algo más allá de lo que estás atravesando. Esto es más fácil de decir que de hacer, pero te prometo que tu agonía no durará para siempre. Yo soy prueba de ello. Como dijo a menudo el antiguo presidente de la Iglesia de Jesucristo de los Santos de los Últimos Días, Gordon B. Hinckley: "Al final, todo saldrá bien".

Agradecimiento Especial

Fui invitada a un retiro en el "Timepiece Ranch", propiedad de Richard Paul Evans. Conocía al Sr. Evans incluso antes de que escribiera su primer libro, *El Regalo De Navidad*, que ha vendido millones de copias. Siempre me he preguntado, ¿cómo lo hizo? ¿Cómo auto-publicó su primer libro? Muy pocas personas han logrado lo que él ha hecho como autor, escribiendo y publicando no solo un libro, sino docenas de *"best sellers"*.

Una de las razones por las que le va tan bien es que cuenta historias que tocan el corazón. Leí *El Regalo De Navidad* por primera vez hace más de treinta años. Acababa de perder a una hermana bebé, y el libro me conmovió profundamente. También conmovió el corazón de mi madre, al igual que los de muchas otras mujeres que han perdido un hijo. Para cualquier madre, el libro es extremadamente conmovedor.

Al igual que la historia en *El Regalo De Navidad*, yo también he experimentado pérdidas. La mía no fue la pérdida de un hijo, sino la pérdida de mi matrimonio. *Como Una Celda Salvo Mi Navidad* trata sobre el trauma de esa pérdida, y cómo sané de ella.

Siempre deseé escribir sobre ello, pero nunca me motivé a empezar.

Eso cambió cuando recibí una invitación para asistir a un taller de escritura en 'Timepiece Ranch". Durante mi tiempo allí, llegué a sentir que podía hacerlo. Cada día, los escritores leían durante cinco minutos para recibir comentarios del grupo. El hecho de poder codearse con autores exitosos que están dispuestos a darte una mano, genera confianza y fomenta la persistencia.

Recomiendo encarecidamente Author Ready a cualquier aspirante de ser autor. No existe una comunidad más práctica y solidaria. Si quieres escribir un libro en Inglés, trabajar con Richard Paul Evans y su equipo de Author Ready es la forma más inteligente de hacerlo. Gracias Richard, por ser tan talentoso con la palabra escrita, pero, lo que es más importante, por darme esta oportunidad. Gracias por compartir tus experiencias conmigo. Tu pasión por la escritura me hace querer trabajar más fuerte cada día. A todos en la comunidad de Author Ready; les estoy agradecida por todo el apoyo y por ser personas en las que puedo confiar.

Un Vistazo a Mi Próximo Libro

Título por determinar — Lanzamiento en 2028

Recuerdo vívidamente el momento en que decidí inmigrar a los Estados Unidos. Fue cuando un golpe de estado que inició una guerra civil en El Salvador tuvo lugar. Mis padres y yo íbamos en nuestro auto por una calle del centro de San Salvador. Miraba todos los agujeros en las paredes hechos por las balas, cuando nos detuvimos. Miré por la ventana y vi un arma automática apuntándome.

El cañón del arma estaba justo entre mis ojos. La posibilidad de morir en ese preciso momento era real para mí.

Inmediatamente fui a ver a mi novio David y le rogué que se fuera. "Por favor, sal de aquí. ¿No ves? ¡Podrías morir!"

Él me abrazó fuerte y me susurró suavemente al oído: «No puedo. Necesito quedarme donde más me necesitan". Esas fueron las últimas palabras que le oí decir. Poco después, me encontraba asistiendo al funeral de mi novio.

Sobre la Autora

*V*ERONICA R. DE ALMEIDA fue publicada por primera vez en el 2016 cuando un capítulo que escribió apareció en el libro *In the Spirit of Jershon*. Desde entonces, ha desarrollado un amor por la escritura. Además de formar parte de varias juntas directivas, participa activamente en la gestión de su propio negocio de alquiler de bienes raíces.

Verónica es nativa de El Salvador y trabajó como maestra. Fue nombrada Cónsul Honoraria de El Salvador en Utah en 2001. Sus intereses incluyen: estudios latinoamericanos, política, religión, lectura, escritura, historia familiar, y pasar tiempo con sus nietos. Verónica y su esposo unieron dos familias, convirtiéndose en padres de once hijos y veintinueve nietos.

Recientemente, han servido en varias áreas internacionales y nacionales en asignaciones de La Iglesia de Jesucristo de los Santos de los Últimos Días, incluyendo: El Caribe, Filipinas, Sudamérica, Estados Unidos, y Canadá. Actualmente reside en Utah.

Para más información, o para conectar con la autora, por favor visite: veronicardealmeida.com.

La vela representa la luz de Cristo.